普惠性民办幼儿园政策运行研究

——以西部革命老区 P 县为例

杨　跃◎著

西南交通大学出版社

·成　都·

图书在版编目（ＣＩＰ）数据

普惠性民办幼儿园政策运行研究：以西部革命老区 P
县为例／杨跃著. —成都：西南交通大学出版社，
2020.6
ISBN 978-7-5643-7370-2

Ⅰ.①普… Ⅱ.①杨… Ⅲ.①学前教育－教育政策－
研究－中国 Ⅳ.①G619.20

中国版本图书馆 CIP 数据核字（2020）第 029186 号

Puhuixing Minban You'eryuan Zhengce Yunxing Yanjiu
——Yi Xibu GeMing Laoqu P Xian Wei Li

普惠性民办幼儿园政策运行研究
——以西部革命老区 P 县为例

杨 跃 著

策划编辑	郭发仔
责任编辑	梁 红
封面设计	墨创文化
出版发行	西南交通大学出版社 （四川省成都市金牛区二环路北一段 111 号 西南交通大学创新大厦 21 楼）
发行部电话	028-87600564 028-87600533
邮政编码	610031
网址	http://www.xnjdcbs.com
印刷	四川森林印务有限责任公司
成品尺寸	170 mm×230 mm
印张	10.75
字数	194 千
版次	2020 年 6 月第 1 版
印次	2020 年 6 月第 1 次
书号	ISBN 978-7-5643-7370-2
定价	88.00 元

前
言
PREFACE

　　教育是国家富强、民族振兴的基石，是社会阶层变迁、流动的一种重要工具。国家对教育的调控、指导表征为各项教育政策的问世。因此，研究教育政策对于教育政策科学决策、教育政策能量有效释放具有重要的助推作用。

　　教育政策伴随着教育活动而诞生，并指导教育活动正常运行。不过，我国教育政策研究起步较晚，且相关理论研究不足，这直接影响教育政策决策质量和教育政策运行效益。所以，研究教育政策刻不容缓，不过从已有文献来看，研究教育政策一般从三个角度切入："过程、内容、价值"。[①]

　　笔者从文献的三个维度来回顾国内相关研究，旨在全面呈现普惠性民办幼儿园教育政策运行的实践样态，进而揭示其背后的深刻缘由。从这些文献得知：教育政策过程研究较多，在这个过程中，静态的、观念形态的政策文本转化为动态的、现实形态的政策目标的转化不断达成。教育政策文本质量最终必须通过实践来检验，如此教育政策效益才能逐渐凸显。在现代社会，国家管理教育具体体现为出台各项教育政策、推

---

① 祁型雨. 利益表达与整合——教育政策的决策模式研究[M]. 北京：人民出版社，2006.

动各项教育政策顺利执行，所以教育政策过程研究尤为重要。它一方面观照教育政策内容，另一方面时刻跟踪教育政策价值目标。普惠性民办幼儿园政策运行研究是一个非常重要的实践课题。

本书是阶段性研究成果，难免存在不完善之处，敬请专家、读者批评指正。

杨跃

2019 年 8 月

目录
录
CONTENTS

<table>
<tr><td rowspan="3">第
一
章</td><td>普惠性民办幼儿园政策
运行研究述评</td></tr>
</table>

　　本研究以西部欠发达地区一个普通的 P 县为研究样本，以普惠性民办幼儿园政策在特定空间的成长历程为线索，运用人类学研究方法——民族志来全面、深入地考察普惠性民办幼儿园政策在这一特定空间的生活情景，力图展示政策运行过程中人们思想、行为不断调整的动态轨迹，进而揭示政策影响的广泛性、深刻性，揭示政策运行现状及其背后的深刻缘由，提出政策运行的最优路径，最后总结政策运行的基本特征。本章主要阐述研究缘起，述评中外相关文献，界定核心概念，解读研究样本及遴选理由，介绍研究方法及选择方法的缘由，概述研究过程，勾勒研究框架。

第一节　研究缘由与文献回顾

一、研究缘由

（一）普惠性民办幼儿园政策是保障幼儿平等获得教育权的真正体现

　　受教育权是宪法赋予每一位公民的合法权利，平等地接受教育是公民获得均等教育机会的外在表征，实施普惠性民办幼儿园政策正是这一权利的体现。

　　20 世纪 90 年代中后期，事业单位改革、企业转型，一些寄生于原单位的幼儿园一夜之间实行"关、转、改"，短期内公办性质的幼儿园占比下降为

18%，民办幼儿园占比急剧上升，达到62%①。广东深圳、江苏徐州、安徽蚌埠、云南昆明等地将公办幼儿园转企改制。学前教育作为一种公共服务产品，这样"国退民进"的办园结构，在一定程度上弱化了其公共服务功能，偏离了公共服务轨道，从而导致"入园难、入园贵"。

具有悠久历史、灿烂文化的中华民族，一直有兴学育才、尊师重教的传统美德，再加上年轻的"80后""90后"父母受教育程度普遍较高，更加重视子女教育，所以他们追求优质教育，这是公民对美好生活的期盼。但国家财力与公共服务能力之间的矛盾越发凸显，使国家供给能力与人们美好生活愿望存在巨大反差。"入园难、入园贵"问题引起了人们的关注。随着信息技术的普及，家长了解相关信息的渠道增加，也推动了社会对"入园难、入园贵"问题的持续高度关注。种种现象致使"入园难、入园贵"变得更加敏感，且"入园难、入园贵"在一定范围内更加尖锐突出。

以上因素催生了普惠性民办幼儿园政策。教育公平是社会公平在教育领域内的延伸，教育公平也是维护社会公平的一种重要手段。"和谐社会的本质是和谐利益"②，"社会主义和谐社会是利益共享社会"③，和谐利益旨在追求利益均衡和利益共享，"弱势群体的存在和经济利益的分化会引起人口流动失序，危害社会稳定"④。普惠性民办幼儿园政策是幼儿公平获得受教育权的体现，也是执政党的执政宗旨——"在发展中保障和改善民生"的凸显，更是保障底线公平和公众平等参与和谐社会建设的重要途径。

（二）普惠性民办幼儿园政策是国家精准扶贫的重要途径

S省财政厅、S省教育厅、S省人力资源和社会保障厅和S省扶贫移民局于2015年12月2日联合发布了《关于实施教育扶贫攻坚政策有关事项的通知》（C财教〔2015〕230号），该文件指出：提高"四大片区"贫困县幼儿保教费减免比例。从2016年春季学期起，将"四大片区"中除民族地区以外的其余34个贫困县的幼儿保教费减免面由10%提高至20%，减免标准为每

---

① 冯晓霞. 大力发展普惠性幼儿园是解决入园难入园贵的根本[J]. 学前教育研究，2010（5）：4~5.
② 洪远朋. 论利益——洪远朋利益理论与实践研究文集[M]. 上海：复旦大学出版社，2014：85.
③ 洪远朋. 论利益——洪远朋利益理论与实践研究文集[M]. 上海：复旦大学出版社，2014：371.
④ 洪远朋. 论利益——洪远朋利益理论与实践研究文集[M]. 上海：复旦大学出版社，2014：344.

生每年 1000 元。免除建档立卡贫困家庭在园幼儿保教费。

教育部、国家发展改革委、民政部、财政部、人力资源社会保障部、国务院扶贫办于 2016 年 12 月 16 日联合出台了《教育脱贫攻坚"十三五"规划》（教发〔2016〕18 号），文件指出：确保建档立卡学龄前幼儿都有机会接受学前教育。健全学前教育资助制度，帮助农村贫困家庭幼儿接受学前教育。

教育脱贫攻坚规划是国家脱贫攻坚规划在教育领域的延伸，教育脱贫攻坚立足于教育自身的特点，助推精准脱贫，是国家脱贫攻坚的一种政策工具和重要手段。

中华人民共和国成立初期，资金、技术严重短缺，加之受国际环境影响，我国采取了优先发展工业、优先发展城市的战略思路，这种差异化发展的战略规划在一定程度上导致了"三农"问题的出现。当前我国改革大多属于"帕累托改进"，对于每个人来说，改革受益程度是不同的。

党的十四大以来，我国开始实行社会主义市场经济。而市场经济本质上是一种竞争经济，它取决于市场主体自身努力程度、竞争能力大小，这种优胜劣汰的竞争机制推动了社会经济的持续发展，同时也给公民个体造成巨大压力。而一些群体往往因诸多因素在市场经济大潮中处于弱势地位，主要表现为表达和追求利益的能力严重缺乏。尽管他们可能人数众多，但他们手中所掌握的资源有限，他们合理的利益诉求难以表达出来。

2016 年 10 月 17 日国务院新闻办发表的《中国的减贫行动与人权进步》白皮书指出：目前中国减贫所面对的多数是贫中之贫、困中之困，减贫任务十分艰巨。一是数量多。截至 2015 年年底，全国还有 14 个集中连片特殊困难地区、832 个贫困县、12.8 万个建档立卡贫困村，贫困人口达 5575 万人，相当于中等人口规模国家的总人数。二是难度大。未脱贫人口大多贫困程度更深、自身发展能力较弱，脱贫攻坚成本更高、难度更大。三是时间紧。中国已提出从 2016 年起，平均每年要减贫 1000 万人以上。四是易返贫。不少贫困户稳定脱贫能力差，因灾、因病、因学、因婚、因房返贫情况时有发生，新的贫困人口还会出现。

投资教育就是投资未来。扶贫脱贫不仅局限于经济杠杆，简单输入一些项目、资金，更重要的是树立生活信心，消除贫困文化，阻断代际贫困。阻断代际贫困、消除贫困文化最重要的手段就是教育，而教育的关键必须从幼儿抓起。普惠性民办幼儿园政策旨在通过经济杠杆保障幼儿入园机会均等，使幼儿逐步享受有质量的教育服务等，因此只有做好教育扶贫，尤其是教育精准扶贫，才能从根本上阻断代际贫困，逐渐消除贫困文化。

（三）生育政策的调整对学前教育资源存量造成巨大压力

中华人民共和国成立后，基于地大物博的生存优势，加上经济发展也亟须大批人力资本，所以当时人口处于自发生长阶段。人口无序增长，经济发展严重滞后，人们日益增长的利益诉求与政府公共服务能力的缺乏构成巨大的矛盾。为了缓解这种矛盾带来的压力，1980年开始实行计划生育政策。自实行该政策至2012年，经过全国人民的共同努力，我国2010年的人口总出生率为千分之九点五，与实行计划生育前的平均人口出生率相比下降率为千分之八点五。① 这对于提高人口素质、控制人口数量、缓解就业压力、促进人与自然和谐发展均有重大意义。但也要清醒地看到这一政策实行所带来的一些问题：随着计划生育政策的不断实施，独生子女家庭不断增多，小孩社会化问题受到一定程度的影响；"4＋2＋1"的核心家庭模式使子女的家庭负担加重；加之传统重男轻女的陈旧观念，在一定程度上影响了人们的生育选择，导致男女比例失调；独生子女遭遇意外事故，给家庭成员带来了精神上的打击和生活上的困难。2000年我国已进入老龄化社会，用于养老的各类开支急剧上升，社会养老压力加大；随着人们认识水平的提升、生育观念的转变，小孩抚养成本、教育成本急剧攀升，自然生育率一直处于较低水平。出生率一直偏低，人口老龄化加剧，青壮年劳力锐减，影响经济发展。为了解决人口结构失衡、劳力数量急剧下降、养老成本加大、降低失独家庭损失等社会问题，促进人与经济社会和谐发展，2011年，国家实行"单独二孩政策"，2013年，实行"双独二孩政策"，但效果不尽如人意，2016年，"二孩政策"全面放开。学前教育资源存量本身短缺，尤其是优质学前教育资源严重缺乏，加之人口政策变动，我们既要面对眼前更加迫切的现实需求，又要注重普惠性民办幼儿园政策的科学制定和良性运行机制的合理设计。

（四）生活阅历的启迪

普惠性民办幼儿园政策为何进入我的研究视野呢？一方面源于浓厚的兴趣。早年报考硕士研究生时毫不犹豫地选择了它，后因某些原因遗憾错过。硕士研究生毕业后，我很幸运地进入一所高校，倔强的个性驱使我圆"当年的梦"，一是始终坚信：童言无忌、天真可爱是人类早期淳朴善良本性的反映；二是从孩子身上能看到人类诸多美好的东西，兴趣促使我不断努力，总想早

---

① 岳文博. 二胎政策放开的利与弊管窥[J]. 山西青年，2016（8）：5.

日跨入这一研究行列。也许是上帝的青睐、生活的恩典，2015 年，我终于如愿以偿，考上了学前教育专业博士研究生。专业的确立为我奠定了今后的学术方向，所以我时刻关注学前教育政策演变。

另一个与本人成长经历有关。我出生在一个温馨、和谐的家庭——父亲厚道、和善、知书达理；母亲虽然只读到小学三年级，但非常幸运地被选为保健员培养对象，而后成为区医院的正式医生。当时家境十分惨淡：祖父、祖母、姑姑常年生病，身边无人照料；伯父英年早逝，伯母远走他乡，留下两个年幼的堂兄。为了照顾家庭，父母毅然辞去工作，回家务农。

后来，5 岁的我随姐姐一起上学，先是去一个幼儿班上学，当时仅有的学习用品是一支 2 分钱的铅笔和一个 5 分钱的作业本。由于没有书包，我就时常将这些握在手里。第一天接到我的是一位男老师，我至今还记得他的名字。刚开始学习时，我根本不知读书为何物，因年纪小，天天丢铅笔、作业本，还不时被几个高个子男同学欺负。一天中午放学，我走在回家的路上，刚准备下坡，就被同班一位高个子男同学猛力一推，然后便东倒西歪地滚到一户人家门前。门前刚好有一条臭水沟，当时衣服被地上的污水浸透，我很生气，却又无可奈何，只能放声大哭，哭声吸引了不少路人。父母见状，便决定不再送我去幼儿园，让我直接读小学。为期两天的幼儿园生活就这样结束了。

后来，我被父母安排在村小上一年级，与姐姐同班就读，便于照应。但早年这唯有两天的幼儿园经历深深地影响了我，我发誓要弥补当年的遗憾，希望更多的幼儿能够入园生活、学习，度过快乐的童年时光。

二、文献回顾

（一）国内文献

本研究涉及的关键词主要有"普惠性学前教育政策""普惠性幼儿园政策""普惠性民办幼儿园政策"等。因此，笔者从这三个方面搜集相关文献，简要介绍该领域的研究现状。

1. 普惠性学前教育政策运行相关研究

（1）政策执行偏差。

普惠性学前教育政策诞生以来，各地充分发挥地方智慧，逐步落实这一惠民政策，各地情况各异，效果不同。刘颖通过调研发现，普惠性学前教育政策在执行中暴露出诸多问题：个别县政府迫于财政压力简单地将政府购买服务作为提供普惠性服务的主要手段。部分地方政府在制定普惠性学前教育政策时未明确园舍布局和入园机会均等的规定，更有甚者将"普惠"直接理解为"限价"。研究者透过表层现象，深刻剖析其背后缘由，包括政策文本的模糊性、地域差异性、地方政府的误解、利益主体之间的博弈等①，最后得出结论。研究者对问题、原因的论述较为详尽，结论稍显简单。余晖、丁秀棠等以北京市为例，对其普惠性民办学前教育机构进行田野考察，走访发现政策执行中呈现诸多问题：北京市对办学者的要求非常严格，如对办学者的户口、固定居所、办学资质、投资额度，以及班级数、班额数等均有严格规定。研究者针对这些问题，进而提出对策。杨玉杰、吴雯雯等以安徽省为个案，通过实地调研，发现诸多问题：地方财政投入较少、学前教育经费分配不均、师资力量薄弱等。研究者针对发现的问题，也提出了相应的举措，不过对体制机制痼疾的剖析不足。刘思源运用多中心治理理论，以广西南宁市为个案进行实证研究，实地调研后发现：办园结构不合理，民办幼儿园占93%，学前教育公益性难以体现；家庭月支付幼儿费用1000～2500元②，家长负担过重，影响家庭生活质量；师资力量薄弱，影响教育教学质量。他分析缘由、提出对策，论述具有逻辑性，不过思考的深度稍显不足。

（2）投入与成本分担。

吕苹、付欣悦以浙江省杭州市为例阐明：市政府为了实现学前教育普惠目标，构建具有浓郁地域特色的成本分担与生均补助政策体系，在确保增量前提下优化财政投入方式和结构，效率与公平并举，尤其凸显公平特色，公民投资一体、公民同工同酬。③ 不过研究者未对其理论基础乃至一些体制性障碍做出较为详细、深刻的论述。农村学前教育是整个学前教育的短板，农村普惠性学前教育是提升农村学前教育水平的关键，而积极稳健的财政政策是促进农村普惠性学前教育健康发展的关键。孙华东针对农村财政政策现状，提出相应的财政举措，不过文章新意略显不足。区域学前教育公共财政资源普惠性配置是发展普惠性学前教育的关键举措。张建萍等以宁波市江北区为例，针对发现的问题提出一系列有效措施，不过问题揭示不够清晰。

（3）师资科学配置。

普惠性学前教育要健康发展，普惠性师资科学配置是关键。戴孟雷等从

---

① 刘颖. 普惠性学前教育政策的执行偏差：表现、原因及对策分析[J]. 教育发展研究，2016（6）：20～22.

② 刘思源. 多中心治理理论视角下南宁市普惠性学前教育发展路径研究[D]. 南宁：广西大学，2014：19.

③ 吕苹，付欣悦. 学前教育普惠性视角下财政投入模式——以浙江省杭州市为例[J]. 早期教育，2013（11）：22.

学前教育师资现状入手，提出相应措施，如增加男幼师比例，提升男幼教地位等①，不过研究者"思"的深度还稍显不够。张建萍等以浙江省宁波市江北区为个案，从财政角度探讨教师分类分层管理，即事业编教师、非事业编教师、临时聘用且成长期非在编教师，②这是一种梯度制度设计，旨在合理配置普惠性师资，最终提升幼儿教师队伍的整体素质。不过研究者侧重于现状简述，对存在的问题论述不足。

（4）儿童文化公平。

文化公平是教育公平的体现，是发展普惠性学前教育的关键，也是学前教育普惠性的重要体现。

梁小丽等立足于民族地区学前教育的现状，尤其是学前教育发展中民族地区对儿童文化的重视程度不够的情况，分析其出现缘由，进而论证在发展普惠性学前教育中重视儿童文化的必要性，最后提出重视儿童文化的举措。

2. 普惠性幼儿园政策运行相关研究

（1）本质特征。

吕苹、付欣悦通过对我国一些普惠性幼儿园现状的了解、分析，指出普惠性幼儿园是一种"非营利组织"，非营利性是其本质特性。

（2）省级政策运行现状。

吕武论述了省级政府普惠性幼儿园政策运行的现状，剖析了原因，提出了对策。

（3）省级以下政策运行现状。

秦旭芳等以辽宁省沈阳市、盘锦市、阜新市为例进行实证研究，将幼儿家长分解为地域、学历、收入、年龄③四个维度，将普惠性幼儿园分解为园务工作、园舍建设、保教工作、人员资质、人员配备、政府职责④六个维度，分别求解每一位家长的社会期待值，不过呈现的结论多，值得探讨的问题少。王默以辽宁省鞍山市、沈阳市、大连市、本溪市、阜新市、铁岭市的300个各类幼儿园为样本进行实证研究，将学前教育普惠政策分解为质量、体制、

---

① 戴孟雷，谢虹，廖宁宁，等. 区域学前教育师资普惠性配置的实践探索[J]. 上海教育科研，2015（6）：80.

② 张建萍，江爱军，王霞玉. 区域学前教育公共财政资源普惠性配置机制改革探析[J]. 上海教育科研，2015（6）：85.

③ 秦旭芳，王默. 普惠性幼儿园的社会期待比较研究[J]. 早期教育（教科研版），2013（12）：13.

④ 秦旭芳，王默. 普惠性幼儿园的社会期待比较研究[J]. 早期教育（教科研版），2013（12）：14.

教师、经费四个维度①，通过问卷、访谈的方式，最后得出结论并对其进行剖析。不过其对政策四个维度之间的关系及其运行方式的论述不够清晰，多为他人研究成果。马莉娟对重庆市几个县区进行田野考察，通过访谈得知：建设中存在诸多问题，并提出相应建议，不过剖析深度不够。王默等以沈阳市、盘锦市、阜新市为例，对400名家长和70名园长进行访谈和问卷调查，最后对访谈记录和调查问卷统计处理、分析，进而提出发展普惠性幼儿园的思路，不过对量化处理得出的问题阐述得不够清晰。夏梦雪以广东佛山市NH区为个案，调研中发现了一些突出问题，提出了相应对策。不过研究者未准确界定"普惠性幼儿园"，易让读者误解。如某些普惠性幼儿园对教师社保"偷工减料"，"校长随意设置工资标准"等②。王东等对辽宁省鞍山、辽阳两地进行实地调研，得知普惠性幼儿园建设中暴露出诸多问题，随即提出相应的建议。研究的亮点在于将建议分为"长期政策目标、近期对策"，且将"公共财政优先投入乡村"③作为一项近期目标。不过王东对财政投入、教师身份转变涉及体制问题等探讨的深度不够。

董青以广东省S县为个案，通过田野考察，发现普惠性幼儿园教育成本分担凸显出诸多问题，如"政府和社会分担比例偏低，而幼儿家长分担比例过重"④，并提出相应的实施路径。彭湃等将美国佐治亚州与我国广东省深圳市学券制政策进行对比，继而从五个方面对其效度进行评估，最后借鉴佐治亚州的成功经验提出建议。彭湃指出：我们既要有"开放的心态"，又要"防止管制措施异化"⑤，这值得关注。不过文章关于"讨论与建议"一节，只有"建议"，未见"讨论"。

李晔明以沈阳市36所普惠性幼儿园为个案，将学习环境分解为设备、工具和材料，主要包括室内空间及设施、语言及推理、活动三部分⑥，不过问题与对策的匹配度不高。

---

① 王默. 普惠性幼儿园的社会期待及普惠政策运行机制研究[D]. 沈阳：沈阳师范大学，2013：8.

② 夏梦雪. 教育公平视角下普惠性幼儿园建设研究——以佛山市NH区为例[D]. 武汉：华中师范大学，2015：28.

③ 王东，张鲜丽，赵丽. 辽宁省非营利普惠性幼儿园发展存在的问题及对策[J]. 鞍山师范学院学报，2014（6）：42.

④ 董青. 发达地区普惠性幼儿园教育成本分担——以粤省S县为样本[J]. 地方财政研究，2017（1）：88.

⑤ 彭湃，俞文. 公共财政支持普惠性幼儿园：基于学券制分析框架的中美比较[J]. 教育与经济，2015（2）：23.

⑥ 李晔明. 普惠性幼儿园学习环境现状调查及思考——以沈阳市为例[D]. 沈阳：沈阳师范大学，2013：12.

3. 普惠性民办幼儿园政策运行相关研究

（1）政策运行目标。

夏双辉以重庆市 S 县为例对国家级贫困县学前教育三年行动计划实施成效进行个案研究，对计划目标、举措、成效、问题等进行了较为详细的分析，提出了相应的建议，不过研究者停留于实践层面的探讨，缺乏一定的深度。柳倩等对目前世界上不同国家所采取的国家特殊计划进行对比研究，如美国、英国、法国、波兰、印度、澳大利亚、德国、爱尔兰、墨西哥的学前教育国家行动计划的公共投入，对其背景、进程、实施效益、存在的问题等论述较详，在对我国的启示等方面的阐述较略，比较价值凸显不足。周兢对比分析世界各国（地区）的公共财政对处境不利儿童的政策影响，政策运行目标或侧重于服务对象的拓展，或阶段性实施，或长期专注一个艰巨的历史重任，研究者只是全文复制政策运行全景图，未总结提升，对比意义揭示不够。

（2）政策运行环境。

赵玥、刘彤以美国"开端计划"为个案，论述了该计划的发展历程，同时侧面论述了社会环境对该计划的深远影响。具体表现如下：① 对象。最初关注点为 3～5 岁幼儿，后来关注端口前移到 0～3 岁的幼儿、孕妇。② 内容。首先是关注身体健康，后来发展为补偿早期教育，求得机会平等，最后追求高质量的早期教育，培养较强的生存能力。③ 实施模式。早期教育、营养健康、家长参与、社区服务。④ 发展方向。起初阶段是关注处境不利的儿童，后来发展为关注有多样化需求的儿童和家庭。最后他们指出了计划实施一定周期后存在的问题，但仅限于一个简单的结论，至于结论背后的缘由未揭示。

（3）政策运行模式。

普惠性民办幼儿园政策出台后，一些地方政府充分展现地方智慧，在政策运行中立足于本地实际，进行政策开发、政策实践创新，摸索出了多种实践创新模式：

——公建民营

其是指政府免费提供土地、建设幼儿园、购买设施设备，然后以零租金形式，通过招投标租给具备资质的办学机构并接受政府相应管理的一种公私合作模式。

河南：探索农村幼儿园办园体制：公办标准收费、民办管理模式[1]；公

---

[1] 河南省发改委. 积极推进公建民营改革试点扩大农村学前教育资源[J]. 中国经贸导刊，2013（6）：41.

办教师作园长、自我管理、自负盈亏。

北京：无政府财政补贴，普惠性民办幼儿园自主管理、自负盈亏，对于这类幼儿园升级达标给予奖励；政府承担"教学设备、人事等费用，每生每年按 1.2 万元标准拨付经费"[1]；同时，教师有准入标准。

合肥：分类定价、分类管理、无政府补贴，前五年为零租金，招标时明确办园等级或收费标准。[2]

苏州：将建好标准幼儿园以零租金招标，街道还不时对校舍进行维护。[3]

"公建民营"存在的问题：派驻公办教师未考虑对方的实际需求，存在盲目性和随意性。公办教师任民办幼儿园园长，其身份如何界定？公办标准收费、民办运营模式，幼儿园身份如何界定？以上问题研究者未论述，尤其是北京"公建民营"涉及两种办学体制：既有公共资金注入，也有民间资本引进，政策设计、安排显得比较复杂，亟待建立一套相应的法律、法规、政策体系来对此做出权威解释。该文章侧重于呈现公建民营的缘由、政策实践中暴露的问题、相应的反思，不过理论深度不够，尤其是对一系列体制机制障碍问题探讨不够。

——政府购买服务

政策购买服务是指，政府作为购买主体，与作为承接主体的社会组织或公民个体为提供公共教育服务而缔结的条约，根据对方服务的数量、质量予以相应的财政性经费付费的一种方式，是供给体制和供给方式的创新。

上海：2005 年尝试划片招生，予以优惠租金、经济资助，即按地段招生人数占"40% 以下（含 40%）的每人每年 3000 元；40% 以上的每人每年 4000 元"。[4]

宁夏：发放助学券用于幼儿购买学位，补贴教师工资或社保。[5]

成都："以县为主"的财政补贴政策，制定梯度补贴标准，中心城区、县（区）城、乡镇分别补助"2000 元/年/生、800 元/年/生、600 元/年/生，而市级补助分别为 30%、30%、70%"[6]，确立了市、县、乡三级办园标准。

① 丁秀棠. 政府委托办园的实践与探讨——以北京市两区的政府委托办园实践为例 [EB/OL]，2013-05-01 http://www.docin.com/p-1167377810.html: 128.
② 刘思嘉，束芳. 合肥普惠性幼儿园将公开招标[N]. 合肥日报，2012-8-24.
③ 任慧娟. 从"公助民办"模式看幼儿园普惠政策的落实和实施[J]. 早期教育（教师版），2012（2）: 10.
④ 姜晓玥. 普惠性民办园政策研究[D]. 南京：南京师范大学，2014: 34.
⑤ 艾福梅. 宁夏向 60 所幼儿园购买服务扩大普惠性学前教育资源[EB/OL]. 2015-10-21. http://edu.people.com.cn/n/2015/1021/c1053-27724888.html.
⑥ 余宇. 打破公办园与民办园界限，创新学前教育服务供给模式[J]. 中国经济时报，2014-01-09.

南京：各区民办惠民园在园幼儿都可以申请享受助学券，以每生每年300元的标准给予办园经费补助，同时每户补助每年2000元，一视同仁，这是以助学券形式补贴给家长。[①]这主要体现了"消费者主权""机会平等"的理念。

深圳：实施"幼儿健康成长计划"项目，对持有本市户口子女和符合规定的外地户口子女（3~6岁），按每年每生1500元的标准给予补贴，并对这一款项消费做了明确规定。[②]

重庆：采用组合方式，包括学位资源、管理服务、保教服务、后勤服务、培训服务、教育资源，[③]并对其内容——展开论述。

购买服务存在的问题：成都招生在户籍方面有要求，本地户籍可享受每月每生200元补贴。[④]限价低、补贴低，购买过程中民办幼儿园议价权利受到限制[⑤]，这样严重挫伤了民办幼儿园的办学积极性。上海引导就地入园，方便就近入学，不过这在一定程度上是否限制了幼儿选择权利？四川省德阳市购买计划严重滞后，年初预算与实际执行情况差异大，导致财政资金使用效益流失。一些地方为了尽快解决"入园率"问题，往往采用非竞争性购买，致使政府遴选方式简单，而一些民办幼儿园没通过公开招投标轻易获得政府补贴，进而影响政府购买服务质量。该类研究侧重于实践层面的叙事，对实践经验的总结多，对暴露的问题分析少，剖析深度不够，这仍需留给后来者继续探讨。

——PPP 模式

此模式最早起源于"18世纪欧洲公路收费建设项目"。20世纪70年代末80年代初，国际上新公共管理运动推动了政府治理体制的创新，各国政府迫于财政压力先后采用这一治理手段。它"不仅仅是一个新融资模式，还是管理模式和社会治理机制的创新"[⑥]。

① 张铁军. 政府购买教育服务如何成为"良制"[EB/OL]. 2016-8-26. http://theory.gmw.cn/2016-08/25/content_21638697.htm.
② 姜晓玥. 普惠性民办园政策研究[D]. 南京：南京师范大学，2014：60.
③ 重庆市推进政府购买学前教育公共服务. [EB/OL]. 2016-12-22. http://www.ccgp.gov.cn/gpsr/zhxx/df/201612/t20161222_7778240.htm.
④ 佘宇. 打破公办园与民办园界限，创新学前教育服务供给模式[N]. 中国经济时报，2014-01-09.
⑤ 梁现瑞. 三个公益幼儿园项目无人接招政府愿买服务市场为何不卖[EB/OL]. 2014-8-7. http://epaper.scdaily.cn/shtml/scrb/20140807/71544.shtml.
⑥ 吴雨纾. 以 PPT 模式助推幼儿园发展——重庆市开江区普惠性幼儿园条件改善项目案例[J]. 今日教育，2016（4）：40~41.

重庆市江北区面对现实困境采用 PPP 模式，以项目形式与民办幼儿园合作，政府按对方投资额度确定投资比例与其合作。PPP 模式存在的问题：政府补贴力度不够，具体采购、装修过程无政府监管，难免价格欺诈，有失公允，致使公共资金流失，每年申报项目的普惠性民办幼儿园数量大，管理人员少，缺乏相应的监管。研究者注重 PPP 实施过程的叙述，也提出了自己的建议，不过对采用 PPP 的缘由、实施的社会满意度论述较少。

——集团化办园

这是未来扩大普惠性学前教育增量、整合资源、发挥优势资源作用的一种办园模式。

侯雨彤论述了辽宁省集团化办园模式，即"名园＋新园；名园＋乡园；名园＋名企；品牌（园）＋地产"[①]。优质民办教育集团做大做强的途径是政府提供房产、购买服务，调研中发现问题并进行初步探讨。白英龙论述了鞍山市推进幼儿园集团化发展的相关举措，通过调研发现了政策实施中出现的诸多问题。前者提出了对策，不过几乎纠缠于表层论述，缺乏理论深度，后者没有提出自己的建议。他们均回顾了辽宁省该政策实践探索历程，并指出了集团化办园的诸多弊端，研究侧重于解说其成长故事，对发现的问题探讨不够，尤其未能从理论上探寻其深刻缘由。

（4）政策运行质量。

普惠性民办幼儿园政策自面世以来，始终按照自己的运行逻辑、运行步骤稳步推进。它是一个新生儿，要落地生根，必须适应地方政策文化、政策生态，可能存在"水土不服"的情形，必须加紧调整、完善，诸如"三儿"补助标准的不断调整，教师培训政策内容、对象、方式的不断完善等，因目前未建立一套运行质量的科学评价指标体系，这些多凭借政策客体满意度的简单测评，其运行质量只能通过这些表征来反映并缓慢凸显。

（二）国外文献

本研究涉及的关键词包括"免费政策""资助政策""准入政策""培训政策""质量政策"等，因此，笔者从这些方面来搜集文献，简要回顾该领域的研究现状。

1. 实行学前教育免费政策

这里以 OECD（经济合作与发展组织）国家为例。OECD 国家学前教育

---

① 侯雨彤. 集团化幼儿园发展模式与运行现状研究——以辽宁省为例[D]. 沈阳：沈阳师范大学，2014：25、26.

免费政策具体分为以下四种情形：

（1）对 0～6 岁阶段不制定任何免费政策的国家有：丹麦、德国、芬兰[①]，他们已实行免费教育。

（2）实行 3 年（3～6 岁）免费政策的国家有：法国、卢森堡、墨西哥、瑞典、意大利、英国、比利时、葡萄牙。[②]

（3）实行 2 年（3 或 4～5 或 6 岁）免费教育政策的国家有：爱尔兰、荷兰，美国、瑞典的部分地区也开始推行 4～6 岁幼儿免费教育。[③]

（4）提供学前教育 1 年（5～6 岁）免费的国家有澳大利亚、奥地利、韩国、加拿大、挪威。[④]

以上文献侧重于以数据反映具体情况，但背后缘由未揭示。

2. 推行学前教育资助政策

首先，政策聚焦点是对处境不利儿童的补偿教育，根据年龄特点分别确立在园（校）学习时间，如印度的"ICDS"计划规定在园时间是 3 小时，而英国的"Sure Start"项目规定每天 2.5 小时，共 1 年。[⑤]

其次，政策关注点在于幼儿营养保健，如"享受补助金的家庭，午餐免费"[⑥]，营养干预目标正发生变化，即早期的免费午餐原来侧重于解决食品短缺、饥馑肆虐而导致的营养不良问题，现在它指向膳食结构失调、营养成分比例失衡以及营养过剩而造成的新的营养不良。

再次，政策聚光灯集中于资助私立幼儿教师和私立保教机构。韩国自 2006 年开始执行"薪金基本补助金"[⑦]政策以来，已补贴 2000 名乡村私立幼儿骨干教师，以改善其工作条件为旨归。至于资助私立保教机构，韩国于 2006 年开始尝试构建基本补助金扶持体系，旨在促进公私立保教机构办

① 周兢. 国际学前教育政策比较研究[M]. 上海：华东师范大学出版社，2012：31.
② 周兢. 国际学前教育政策比较研究[M]. 上海：华东师范大学出版社，2012：31～32.
③ 周兢. 国际学前教育政策比较研究[M]. 上海：华东师范大学出版社，2012：31～32.
④ 周兢. 国际学前教育政策比较研究[M]. 上海：华东师范大学出版社，2012：31～32.
⑤ 周兢. 国际学前教育政策比较研究[M]. 上海：华东师范大学出版社，2012：180～181.
⑥ KORINTUS, & MARTA. Early childhood education and care in Hungary: challenges and recent developments. International Journal of Child Care and Education Policy[EB/OL]. 2008, 2(2), 43～52. https://doi.org/10.1007/2288-6729-2-2-43.
⑦ RHEE, & OCK. Childcare policy in Republic of korea: current status and major issues. International Journal of Child Care and Education Policy [EB/OL]. 2007. 1(1), 59～72. https://link. springer.com/article/10.1007/2288-6729-1-1-59#citeas

学条件均等，使二者未来的竞争更加公平。为了完善这项政策，2007年政府从服务质量、收费标准、教师待遇与工作条件三个方面予以评估，评估合格后方可继续推行该项政策。新加坡政府每年都要提供公共财政，对具备资质的民办幼儿园教师予以工资补贴和其他方面的资助，以吸引优秀教师，稳定优质师资队伍。

最后，政策目标延伸至资助家长（家庭）。而资助家长（家庭，包括孕妇、哺乳期的母亲）的内涵包括家长教育、成人教育、家长服务[①]、学前教育券、拉吉夫·甘地国家托儿所计划[②]。家长教育旨在通过相关育儿课程的学习，增进"母亲自身力量和潜能"，提升其作为"家庭教育者的自我意识"[③]，"重塑家长的自我效能感"[④]，提高其育儿水准，改善家庭生活质量；同时，构建"楼群社区"，分享信息、共享资源，降低孤独感，创建交流平台，提升社会和谐度。成人教育是指针对家长低学历、低就业率的处境，采取相应的文化补习教育，进而加强学历补偿教育和提升就业能力。家长服务是对一些困境家庭，通过一些国家计划来对他们进行精准帮扶，诸如英国的"确保开端计划"中的住房咨询、法律服务等。学前教育券是政府运用公共财政提供的一种教育凭证，世界上先后使用学前教育券的国家有巴西、俄罗斯、美国、韩国、英国等。[⑤]美国的学前教育券旨在保障低收入家庭幼儿入园的选择权。发行学前教育券的地区均是公立教育质量较差的区域。拉吉夫·甘地国家托儿所计划旨在为职业母亲提供保育服务，便于她们安心就业，促进社会经济发展。该研究存在诸多不足：政策文本解读与政策运行结合度不高，尤其对运行中暴露的问题反省力度、深度不够，对"家长教育热"异议的缘由解剖不够深入，对家长教育的有效性缺乏跟踪研究等。

3. 实施严格的保、教育准入政策

匈牙利幼儿教育体系相对独立，保育、教育分别隶属于社会事业和劳动

---

① 周兢. 国际学前教育政策比较研究[M]. 上海：华东师范大学出版社，2012：184.
② 霍力岩. 美、英、日、印四国学前教育体制的比较研究（下）[M]. 北京：北京师范大学出版社，2013：482.
③ [瑞典]T. 胡森. [德]T. N. 波思尔斯特. [美]L. G. 卡茨. 教育大百科全书. 学前教育[M]. 刘焱，译审. 重庆：西南师范大学出版社，2011：53.
④ 柳倩. 国际处境不利学前儿童政策研究[M]. 上海：华东师范大学出版社，2012：136.
⑤ 徐雨虹. 新制度经济学视野下的我国学前教育投资制度研究[D]. 上海：华东师范大学，2007：114~126.

部、教育文化部管理。托儿所的保育员、幼儿园的教师必须具备一定的工作经历和资质。"2006 年 90% 以上的托儿所和幼儿园从业人员合格达标"[①]。类似于匈牙利的管理体制，日本托儿所的护士和幼儿园的教师必须具备相应的资质才能上岗。尤其是对幼儿教师的选拔非常严格，公立、私立幼儿教师都必须具备相应的资格。目前大多幼儿教师具有大学学历[②]，且要参加足够学时的业务学习，专业知识考试合格、身体检查合格后才具备入职资格。新加坡幼儿教师经过 9 或 10 年正规学习后，必须经过 5 门文化课考试合格，达到最低标准的幼教专业资质才能入职。墨西哥有明确的教师选拔标准和教师选拔机制，教师候选人必须高中毕业，且参加严格的考试。朝鲜对即将获得教师资格的师范院校毕业生要进行三种考试：实习前的实习能力评定考试、毕业前的毕业考试、全国性的教师资格考试"[③]，三种考试均合格者才具备教师资格。对在职教师进行两种考试：晋级考试和原级考试。通过晋级考试可获得最高级资格教师——一级教师资格；维持原级考试合格者才能继续担任原有教育教学工作，否则做降级处理。加拿大对幼儿教师要求最严格，须要接受四年高等教育，不过不限于学前教育专业。可见，保育、教育从业人员须具备一定资质方可执业，入职难度较大。

新加坡托儿所由社会部颁发许可证，还需接受相应法律监管；幼儿园由教育部注册登记，且需接受教育法监管。幼儿园注册登记必须具备以下条件：办学设施设备符合国家健康、安全标准；课程教学符合幼儿成长规律；校长、教师必须达到最低学历标准，且具备从业资质；内部必须建立健全相应的监管制度。匈牙利 1993 年颁布了《教育法》、1997 年颁布了《儿童保护法》，针对托儿所、幼儿园从业人员制定了入职的最低标准，实行许可证制度。研究只是对政策文本内容做浅表呈现，未具体、深刻、全面地展示政策运行过程，以致未深刻、全面地揭示政策运行的诸多特点、问题，尤其是未揭示出一些政策运行问题的背后原因。

4. 制定并执行教师培训政策

新加坡"每年用于教育的支出约占社会发展总开支的一半，约占 GDP

① KORINTUS, & MARTA. Early childhood education and care in Hungary: challenges and recent developments. International Journal of Child Care and Education Policy [EB/OL]. 2008, 2(2), 43-52. https://doi.org/10.1007/2288-6729-2-2-43

② 霍力岩. 美、英、日、印四国学前教育体制的比较研究（下）[M]. 北京：北京师范大学出版社，2013：419.

③ 周采. 比较学前教育[M]. 北京：人民教育出版社，2010：234.

的 3%"①，2001 年政府制定了一套保育员、教师的共同培训体系，而培训又分为入职培训、资质培训，对园长培训内容、学时做出了刚性规定："双学历培训 1200 学时"②、专业培训 700 学时、园务管理 500 学时。同时严格规定：2006 年 1 月前，25% 的教师必须持有幼儿教育专业文凭，所有教师至少必须参加从业资质培训。由于培训任务重，一些民办培训机构也参与其中，因培训管理、培训形式相异而导致潜在的培训质量问题，政府及时发现并予以纠正。师资培训不仅旨在增加培训机会，更重要的是提升培训质量，所以新加坡政府对培训课程内容、培训者资质、培训设施等进行科学评估。挪威为应对幼师短缺的问题，注重教学实践，严格规定幼师入职者的 4 年学习工作经历中，至少有一半是幼儿园工作经历。日本高度重视幼儿教师在职培训，建立了一套严格、科学的培训制度，且以《地方公务员法》《教育公务员特例法》为保障，始终给幼儿教师灌输一种思想：在职进修是教师的一种权利，也是教师应尽的义务。进修方式有脱产、在职；进修分为学历教育、非学历教育等，教师可以自由选择。巴西高度重视在职教师培训，培训形式分为集中面授与远程教育、个体自学与团体研讨、理论讲解与实践操作，尤其注重无资格幼儿教师的专业培训。墨西哥以"基础教育教师持续教育项目"推动在职幼儿教师培训，且让全体幼儿教师认识到：在职培训是教师的权利和义务。该研究对政策文本的解读不够清晰，对典型政策运行案例的解剖也不够具体、全面、深刻，尤其是对政策运行中暴露的问题展现不足，理论阐释深度不够，对于政策完善未发挥其理论功力。

5. 实施科学的质量评估政策

新加坡于 2003 年由教育部开发并推出一种自我评价工具，名曰"追求卓越的幼儿园"，旨在鼓励幼儿园自我评价，评价工具为质量评定量表（QRS）的前身。2011 年，新加坡教育部建立了一套通用的质量认证体系，以评估和认定保育中心、幼儿园的服务质量，认证体系侧重于对"领导艺术、工作计划、日常管理、资源配置、课程设置、教学设计、安全保障"③等维度的评估。

---

① TAN, C. T. Enhancing the quality of kindergarten education in singapore: policies and strategies in the 21st century. International Journal of Child Care and Education Policy[EB/OL].2017,11(1).https://link.springer.com/article/10.1186/s40723-017-0033-y.
② TING, & CHING, T. Policy developments in pre-school education in singapore: a focus on the key reforms of kindergarten education. International Journal of Child Care and Education Policy[EB/OL].2007,1(1).
③ TAN, C. T. Enhancing the quality of kindergarten education in singapore: policies and strategies in the 21st century. International Journal of Child Care and Education Policy[EB/OL].2017,11(1).https://link.springer.com/article/10.1186/s40723-017-0033-y.

韩国 2008 年在过去试点基础上全面展开评估认定，为了调动保育中心、幼儿园参评的积极性，将评估结果与基本补助金体系、教师工资直接挂钩。日本自 2009 年开始推行强制性内部评估、外部评估，尤其重视外部的"客观评估和书面材料"[①]，但民办幼儿园未纳入第三方评估体系。挪威于 2005 年由教育科研部下拨"6000 万挪威克朗"[②]，旨在专门研究幼儿园的评价标准。美国 21 世纪初期颁布了旨在根除代际贫穷，提高幼儿阅读、写作、数学领域学业成绩的一系列学前教育政策，如光明的开端计划、阿博特学校项目、军队幼儿保育项目等均建立了一套科学、严格、完善、全面的评估体系，通过不断检测项目进程、自我评估、对干预因素实时跟踪分析，促进幼儿健康发展。

研究侧重于政策文本的简单言说，政策出台背景、政策文本具体内涵解说不够清晰；政策运行问题呈现不够，未对这些问题背后的深刻缘由、解决路径等进行论述。

上述免费政策、资助政策旨在通过经济手段保障幼儿入园机会均等、追求起点公平；准入政策、培训政策、评估政策均是保证学前教育普惠政策质量的有效手段，更是普惠政策质量保障的关键举措。可见，以上各国不仅重视学前教育政策"惠"的"量"的普及，更高度关注其"惠"的"质"的提升。

（三）国内外文献评述

上述中外文献均是各研究者立足于自己的研究立场、理论素养、生活阅历等，运用研究手段对研究对象从实践到理论的一次思想升华，是研究者思维成果的呈现。当然，在以上文献中，尽管研究者对学前教育相关政策进行了一定程度的探讨，但仅代表一定阶段的科研成果，不可能穷尽所有问题，也许还存在诸多不足，现具体评述如下：

1. 政策运行目标

政策运行目标中关于运行背景、进程、成效、存在的问题的论述较多，且多是阶段性目标，多聚焦于完成资金的预算额度、办园条件的改善、教师资助、幼儿补偿，或政策惠及对象的不断拓展、服务内容的不断延伸，如"开端计划""确保开端计划"等，关于政策运行长期追踪调查的较少，有些结论值得商榷。

---

① RHEE, & OCK. Childcare policy in Republic of Korea: current status and major issues. International Journal of Child Care and Education Policy[EB/OL]. 2007. 1(1), 59～72. https://link. springer.com/article/10.1007/2288-6729-1-1-59#citeas

② 周采. 比较学前教育[M]. 北京：人民教育出版社，2010：174.

2．政策运行环境

政策诞生于某一特定时期，以社会环境为背景，必定深受社会环境的影响。政策运行环境侧重于社会环境对它的影响，表征为政策内容调整、运行方式的改变、运行目标的变更、政策效益或隐或显地呈现等。

3．政策运行时间、地域

政策运行时间不确定，短则几个月，长则几十年；政策运行地域小到乡村或一个幼儿园，大到一个地区或国家。上述研究旨在揭示政策运行的区域性、独特性、政策成长的周期性、问题的艰巨性；同时也道出这些地区或国家对此类问题持续高度关注，并上升至国家战略高度予以实施。

4．政策运行模式

政策运行模式即采用一定手段推进政策正常运转。现实中政策运行模式很多，且多立足于自己的情况，具有浓郁的地域特色；同时，多侧重于政策模式内涵的解读、操作程序的叙说、问题的呈现，政策运行一定周期后总结反思大多停留于经验层面，未上升到一定的理论高度。

5．政策运行质量

政策根据运行时间可分为短期政策与长期政策，而短期政策运行质量在于实地调研和信息反馈，为政策调整提供有益思考；长期政策运行质量基于国家具备完善的质量监测体系、强大的研究团队、长期的跟踪研究、雄厚的财力保障，为政策不断调整、增强政策适应性、释放最佳的社会效益奠定了坚实的基础；其政策运行过程也是政策运行质量不断凸显、不断提升、不断优化的过程。

综上所述，无论是国内文献还是国外文献均是一定阶段的思维成果，由于主客观条件限制，已有研究不可能解决所有问题，留下了诸多值得继续探寻的空间。文章中引用了一些官方公布的数据，旨在增加研究者推论的依据、观点的立足点，增强说服力；或是经验的归纳总结、提炼，或是面面俱到的论述，这样从文本到文本的研究难以发现真正的问题。同时，文献采用演绎推论来分析资料，多采用问卷、访谈、查阅文献等方式来搜集资料。但因研究时间比较短，对研究相关资料未能反复核实，对研究对象未能长期跟踪观察、记录，仅将短时间搜集的一些资料作为参考数据，信息的效度、信度有待斟酌。由于"潜水"深度不够，这些文献多停留于表层探讨，对政策运行"面"下的情境可能揭示不够，对于生活中真正的问题也许未发现，因此难以揭示真正的问题，从而达到解决问题的目的。更重要的是，这些文献未尝试用民族志这种研究方法来探寻政策在一个具体区域运行的具体状态。已有研究的不足给本研究打开了一扇探索的窗户，启迪笔者进一步思考。所以，笔者将基于普惠性民办幼儿园政策在 S 省 P 县的具体运行状态，尝试用民族志这种研究方法来探寻政策运行"面"上"面"下的情境，尤其是"面"下的别样情境，全方位地展现普惠性民办幼儿园政策在 S 省 P 县运行的"全景图"。这"全景图"的"分辨率"和"清晰度"也许会更高，有利于进一步揭示该政策的生长周期和成长规律。

第二节　研究区域与研究方法

一、研究区域的确立

普惠性民办幼儿园政策是一个政策组合，即包括 2010 年 11 月 21 日国务院发布的《关于当前发展学前教育的若干意见》（国发〔2010〕41 号）以及后来国家层面相继出台的一系列旨在促进普惠性民办幼儿园健康发展的政策。这些政策主要包括：普惠性民办幼儿园园长及教师培训政策、普惠性民办幼儿园奖补资金政策、"三儿资助"（残疾儿童、孤儿、家庭经济困难儿童）政策。

笔者之所以选取 S 省 P 县作为研究对象，是因为其具有"老少边穷"的一些特点，具有一定的典型性和代表性，具体分述于后。

（一）政治

该县是革命老区，1929 年 6 月 29 日，江防军第七混成旅代旅长 KJX 率部在 DSQ 乡 NJ 沟起义，成立 SC 工农红军第一路军，最后攻克 P 县县城，建立了 SC 第一个红色政权——P 县苏维埃政府。中共地下党组织在 P 县境内开展工运、农运、兵运、抗丁、抗粮、抗日救亡等一系列革命活动。中华人民共和国成立前夕，中共地下党又组织武工队、游击队开展武装斗争，迎接 P 县解放。[1]无数先烈为了 P 县的解放事业先后献出了他们宝贵的生命，他们将永垂青史，激励后人不断前行。

后来，P 县被确定为扩权强县试点县，可以享受国家、省、市赋予的一些优惠政策，获得一些政治利益和社会福利。

---

① P 县志编纂委员会办公室. P 县志. 序一[M]. 成都：四川辞书出版社，1995：1.

（二）经济

该县是国家级贫困县、人口大县，"总量小、人均低、基础弱、欠发达"的基本县情仍未根本改变，土地资源短缺，人均耕地仅 0.6 亩（1 亩 ≈ 667平方米，低于全国、全省平均水平。水资源人均仅为全省平均水平的 1/12。经济发展所需的资金、技术、人才等高端要素保障能力严重不足。缺少大型龙头企业引导，产业自我积累、自我发展的能力不强，如期脱贫任务重、难度大①，财政主要靠转移支付。但同时该县又是传统的农业大县，农业在本县经济中的比重较高，已经被国家、省、市确定为农产品主产区、国家农业示范区、农村融资体制改革试点县。县委、县政府正利用这些政策利好，积极争取上级更多的政策扶持，为本县社会经济健康、持续发展创造更多的机遇。

（三）教育

"PX 学宫其来已久。……宋绍兴间曾费直上章，始建祠于 P。祥符十七年以旧基狭隘，徙于县北跪象山阿，……至元甲午，邑令蒲如璋始创大成殿，两庑、戟门、并棂星门，厥后遭兵燹而文庙幸存。故明宣德丁未，邑令凌崇贵重新之。成化辛丑，邑令李芳重建棂星门，教谕张遇有碑记其事。嘉庆四十五年，邑令张希范重新，又建尊经阁，NC 张中丞鉴并督学吏胡直，皆有碑记之。万历乙酉，邑令王良馔置学田数十亩，以赡贫士，NC 杨给谏文举碑记之。"② 可见，P 县人民素来深谙"化民成俗、其必由学"的道理，自古以来，耕读传家、兴学育才、尊师重教蔚然成风。

而今，P 县时刻践行"科教兴县、人才强县"理念，"加快普及学前教育，积极发展公办幼儿园，大力扶持民办幼儿园，扩大普惠性幼儿园资源，到 2020年，幼儿园建设基本实现标准化。"③ 可见，P 县委、县政府正夯实基础教育，调整教育资源布局，促进县域内教育均衡发展。

（四）文化

P 县山川秀丽、历史悠久、人杰地灵，创造了灿烂的文化，县域内诸多名胜古迹至今保存完好，"LJF 寺及白塔集唐、宋、元、明、清五代建筑于

---

① P 县人民政府. P 县国民经济和社会发展第十三个五年计划纲要（2016—2020），2016：7～10.

② P 县志编纂委员会办公室. P 县志[M].1985：197.

③ P 县人民政府. P 县国民经济和社会发展第十三个五年计划纲要（2016—2020），2016：50.

20

一体，被载入《中国建筑史》。汉代陶俑、禽、兽及砖瓦，明清瓦、花瓶皆存于世；BF 寺壁画被称为'蜀中明代壁画之代表作'和'不可多得的绘画艺术珍品'。"①古代艺术品诸如雕塑、玉器、钱币、武器等，近代的一些手工艺品，现代红色文化的一些历史文物均有收藏。

如今，P 县凭借"独特的书法、宗教、红色文化，以及丰富的生态自然景观和特色旅游资源，以中国书法城为统领，将 CC 湖、BF 寺、GF 山、H 海、GD 庙连片规划，确立'PX 湿地'概念，分板块、分组团按规划实施。"②由此观之，P 县委、县政府正致力打造文化旅游品牌，加快发展现代服务业。

这样一个贫穷而典型的革命老区，引起了党和国家，以及省、市相关部门的高度重视，先后出台了一系列优惠政策。正是在这些扶持政策的引领下，该县社会经济飞速发展，其间也积累了一定的实践创新经验，具有一定的示范作用和推广价值。笔者选择 P 县这个特殊而又普通的地域空间来展示普惠性民办幼儿园政策运行的具体情景，是因其具有独特的历史传统、自然环境、政策生态等。但各地都有自己与众不同的社会文化，从这个意义上讲，P 县又是普通的。"同"和"异"并存，也是笔者选择 P 县作为研究样本的意义所在。

二、研究方法的选择

研究方法取决于研究对象和问题的性质，本研究对象为普惠性民办幼儿园政策运行的具体状态。同时，为了研究的方便和深入，又确立了 S 省 P 县这个具体的地域空间。本研究的问题是 S 省 P 县普惠性民办幼儿园政策为何这样运行。该政策是一个政策组合，主要包括教师培训政策、奖补政策、资助政策，不同政策内涵必定由不同的政策主体来具体实施，政策运行既有自上而下的科层制实施路径，也有部门间横向推进路径。每一项具体政策分别由不同职能部门组织实施，由极少数政策运行主体具体实施。不同运行主体，其政策领悟水平、政策理念、道德水平、价值取向、生活环境、成长经历等往往不同，这自然会影响政策运行进度和运行效益。要深入探寻该项政策运行具体现状背后的深刻缘由，宜选取民族志作为研究方法，将政策文本作为一种文献资料，将当事人的口述史作为一种补充资料，二者互补互证，深刻揭示政策运行现状背后深刻的历史缘由和现实困境。

---

① P 县志编纂委员会办公室. P 县志[M]. 成都：四川辞书出版社，1995：6.
② P 县人民政府. P 县国民经济和社会发展第十三个五年计划纲要（2016—2020），2016：26.

民族志最初是人类学家开展研究的主要工作方式，人类学家"身"入落后社会单元，通过记录该单元人们的言行来反观人类社会进化历程。民族志又称"人种学"或"人种志"，它是研究者深入被研究对象生活空间进行研究的主要研究工具，通过深度访谈、参与观察等来记录他们的言行，透过他们原生态的言行来反观其背后的文化。民族志是基于田野调查的一种研究方法，通过田野调查来搜集资料、阐释资料。研究者需尽量对资料的意义保持价值中立。民族志最突出的特点就是"全文复制"，即非常详细地记录每一个场景或事件，其目的是让研究者与读者一起加深对相关情境的深刻理解。民族志不仅是一种研究手段，还是一种成果呈现方式；同时，它是一个从"浅描"到"深描"的过程，因而其文本具有浓厚的文学色彩，但它不仅要满足文学的描述，最后还要对文本进行理论阐释和提升。

笔者以 S 省 P 县作为研究样本，是因该县是一个典型的农业大县和人口大县，又是国家级贫困县和革命老区，还具有"老少边穷"的一些典型特征，党和国家高度重视，先后出台了一系列旨在促进当地经济、社会健康发展的相关政策。

理想型政策运行是指政策主体按照政策文本的内容，根据当地实际情况创造性地加以实施，产生出最佳的社会效益和经济效益。而 S 省 P 县现实型政策运行则呈现出别样的情景：由于政策文本内容具有模糊性，加之政策主体也许存在理论修养不高、政策理解能力不强、对当地实际情况研究不够的情况，政策运行中存在诸多问题。理想型政策运行与现实型政策运行之间存在着巨大的落差，要揭示这落差背后的深刻缘由，尤其是通过政策主体与政策客体之间互动，透过他们外在的生活方式、行为方式去反映其背后的价值观念、价值选择，采用民族志研究方法是非常恰当的。

笔者已访谈了 S 省 P 县人民政府主管文教卫生科技的副县长、教育局局长、主管教育教学的副局长、教育股股长、职教成教股股长、计财股股长、办公室主任、人事股股长、资料室负责人及其他相关人员，县城 CC 镇两所公办幼儿园园长，全县九大片区具有代表性的普惠性民办幼儿园园长，九个教育督导组组长，民办幼儿教学点负责人，县师培中心主任，县财政局教科文股长，县发改局局长，县民政局局长，县档案局工作人员等，对相关问题多次询问，反复核实；同时，就相关问题多次访谈了公办幼儿园部分教师、普惠性民办幼儿园个别教师、民办幼儿教学点个别教师以及部分家长等，不断追查、核实有关信息，尽量做到客观、真实、准确。

第三节 概念界定

一、普惠性

"普惠性"这个词来源于外贸,后来引入金融,2010 年我国始用于教育。普惠性主要内涵是"普遍惠及、人人享有,核心属性是高包容性、非竞争性、非排他性"[①]。不过,既然"普惠性"内涵是"普遍惠及、人人享有",那么"高包容性"可能不够准确,也许"全纳性"要准确些。研究者指出了普惠性的内涵、属性,论述也许有待完善。

鉴于上述研究,本书的"普惠性"是指服务或服务产品惠及所有对象,即普遍施与,人人享受。判断事物是否具有普惠性,大致有三个标准:无歧视性、非互惠性、非排他性。学前教育普惠性是指国家与幼儿园通过契约关系提供一种惠及每一位适龄儿童的学前教育服务。

二、普惠性民办幼儿园

(一)政策文本的界定

2010 年 11 月 21 日,国务院发布的《关于当前发展学前教育的若干意见》(国发〔2010〕41 号)将"普惠性民办幼儿园"界定为"面向大众、收费合理的民办幼儿园"。这里对招生对象、收费标准做出了规定。

S 省教育厅、S 省财政厅、S 省发展和改革委员会于 2015 年 10 月 8 日联合颁布的《关于普惠性民办幼儿园认定工作的指导意见》(C 教〔2015〕79 号)将普惠性民办幼儿园明确阐释为:"办园资质合格、面向大众、办园规范、收费合理、质量较好的民办幼儿园。"这里对其资质、招生、收费、质量等均做出了要求,不过个别用语较为模糊,给基层留下了更多政策文本阐释、政策实践创新的空间。

H 省《关于开展普惠性民办幼儿园建设和认定工作的通知》将普惠性民办幼儿园解读为:"得到当地政府支持,幼儿园建设水平达标,收费合理,面向社区提供基本的学前教育服务的民办幼儿园。"该文件指出了几个基本要素:政府资助、办园水平、招生对象、收费及质量规定。值得商榷的是,定义中招生范围"社区"较狭窄。

---

① 王海英. 从特权福利到公民权利——解读《国务院关于当前发展学前教育的若干意见》中的普惠性原则[J]. 幼儿教育(教育科学), 2011(1-2): 8.

（二）学者的理论探讨

普惠型民办幼儿园即"由个人举办的幼儿园"。[①] 该定义较为简单，仅仅指明了办园主体是公民个体，忽视了公民团体。

普惠性民办幼儿园指"具有办园资质，接受政府补贴，面向大众，收费较低，办园规范，提供公益性、普惠性服务的依法设立的民办幼儿园"。[②]定义看似内容全面，指出了普惠性民办园的一些属性，但不够精练、准确。

普惠性民办幼儿园指"受政府资助或委托提供学前教育服务，不以营利为目的，面向大众、办园规范、收费合理、有质量保证的民办幼儿园"。[③]该定义突出了这一概念的一些核心要素，诸如办园动机、质量要求等。

以上研究明确了该概念的一些特征，但对概念界定不够全面、准确。

综合已有研究，本文"普惠性民办幼儿园"是指享受政府资助并接受政府管理，面向大众，收费合理，有质量保障的依法设立的民办幼儿园。普惠性民办幼儿园是中国语境的特殊产物。

第四节　研究过程与书稿框架

一、研究过程

研究从萌生想法到最终敲定有一个较为漫长的过程。2015 年，我考上博士研究生后，导师鉴于我多年的中学教师经历，建议我将童谣作为研究对象。当年暑假我就购买了大量相关书籍，经过一年多时间的阅读，我发现：单从文本剖析已有先例，要想超过已有研究很难。如纳入幼儿园作为一个影响因素来研究，需建构一种课程模型，但因影响幼儿成长的因素很多，用童谣作为单一因素来说明其影响，很多情形无法阐释清楚。阅读之余，我也请教过很多相关专业老师，但都未得到一个满意的回复，且很多老师质疑选题的合理性和可行性。2016 年 11 月下旬，我最终还是决定放弃这一选题。

一年阅读时光换来的是无尽的痛苦、烦恼。经过短暂、冷静的思考后，我决定再尝试、再思考。一位老师建议我关注生命教育，因他在研究该领域，

---

① 叶圣军. 三地政府购买民办幼儿园教育服务政策的对比与思考[J]. 陕西学前师范学院学报，2015（1）：65.

② 刘培英. 谈如何扩大普惠性学前教育资源——以广东省广州市为例[J]. 教育导刊，2014（10）：76.

③ 王海英. 普惠性民办园扶持政策不能回避三问[N]. 中国教育报，2015-10-11.

且他所在高校成立了生命教育研究所，组建了一支较为庞大的研究团队。他来S省C市开会时，我们进行了较为短暂的交流，他送了相关书籍给我。我阅读时不断思考：学前教育阶段的幼儿对生命的概念基本上是懵懂的，如何寻找切入点？一位社会学博士建议我关注学前教育阶段的留守儿童，即关注0～7岁幼儿对生命的理解。据报道，2017年春季，贵州毕节三姊妹服毒自杀，他们不是对生命缺乏认知，而是因为爱的缺失走上不归路。但因这一研究的切入点未确立，我最终选择放弃。

就这样又过了两个月，突然有一天，一位老师让我尝试用伦理学来研究普惠性民办幼儿园政策。他认真地、简要地分析了文章大致框架，并很严肃地说：你与你师兄的选题不冲突。后来我也请教了几位专业老师，随即网购了他们给我推荐的相关书籍，认真下载了相关文献，并阅读文献、整理文献、准备开题报告。2017年3月中期检查，我向各位导师汇报了选题及想法，几位导师直接质疑选题的合理性和可行性，指出选题最大的问题是难以突破已有研究，这一选题最后也被几位导师否定。

连续三次被打击，我唯有冷静思考，从容面对。单位派我外出学习，如果没有结果，怎么面对领导和同事呢？一天，我硬着头皮去请教一位导师，当时他是S省D市教育局的挂职副局长。他立足于挂职经历，建议我选择一个具体地域，最好是比较典型的地域空间，具体研究一项政策运行的情景，不必追求所谓的挠破头皮的纯理论研究，并把NJ师范大学教育科学学院2008年毕业的一位博士生的博士论文推荐给我，反复叮嘱我参考。

其实，第一次选题失败后，我便下载了一些普惠性民办幼儿园政策方面的文献，粗略地阅读了这些文献。2016年11月28日去S省N市Y县调研，我初步走访了Y县教育局教育股主管学前教育的副股长HZQ,他给我提供了已认定为普惠性民办幼儿园的最后名单，我们简单交流了相关问题，并访谈了XZ幼儿园、HD幼儿园、JTY幼儿园、YG幼儿园园长，在与她们的交流中，我掌握了普惠性民办幼儿园政策在当地运行的初步情况及存在的问题。随后我又访谈了CN幼儿园、YG幼儿园、SY幼儿园三个幼儿园的园长，收集了相关信息，并搜集了一些当地政策文本。

2016年12月，我前往S市P县进行田野考察，首先在一个朋友，即现在的P县教育局副局长LLY老师（当时他已离开县教育局，在县纪委上班）的带领下，拜访了教育局职教成教股股长YK老师，他专门负责民办教育。他讲述了普惠性民办幼儿园的认定情况、相关政策运行情况、目前存在的问题，并提出了建议；同时，我复印了一些政策文本、资料。由于当时初涉一个陌生领域，很多问题都不清楚，因此调研仅限于县城几所幼儿园。当天下午，LLY 老师全程陪同我走访了县城 CC 幼儿园，这是一家公立省级示范幼儿园，当时园方高度重视我们的调研，专程安排了两位老师授课，因访谈园长 DL 时间安排紧凑，最后仅选择观摩一位老师讲课，由主管教育教学工作的副园长 THY 全程陪同。结束后，园长 DL 盛情邀请我们一起用餐。从席间交流中我也获取了一些信息。

随后我前往 CC 镇城南新区 BJL 幼儿园、XQD 幼儿园，两位园长谈到了普惠性民办幼儿园政策运行的情况和存在的问题，我也收获了一些政策文本。

返校后，我迅速整理所获资料，当时未放弃"普惠性幼儿园政策伦理审视"这一选题。田野考察的目的在于为伦理学剖析政策提供依据，增强说服力。

2017 年 3 月中期考察失利，彻底击垮了我曾经的梦想，但也坚定了我选择做一项政策实证研究的信念。2017 年 3 月 30 日，我返回 N 市开始正式田野考察，侧重于"面"上搜集材料，然后对比分析，为最后决策提供参考。

调研首先选择的是 N 市 J 区，我通过各种关系先后调研了三所幼儿园。BH 幼儿园是一家公立省级示范幼儿园，副园长 TL 是我教过的学生，她很热情地接待我，陪我听课，回答我提出的一些问题，中午盛情邀请我用餐。

随后我访谈 DFZX 幼儿园，这是一所普惠性民办幼儿园，执行园长LL——我的远房亲戚热情接待了我，并邀请我到班听课。因她不具备相关专业背景，再加上其后期参加专业培训较少，与她交流收获不大。

最后拜访的是 JL 幼儿园，这是一所公办省级示范幼儿园，办学历史悠久。园长 ZYP 原是一位小学老师，属于转岗教师；副园长 MC 主管教育教学，她非常热情，不仅安排我观摩幼儿早操、到班听课，还与园长 ZYP 一起回答我的问题，并提出了现实管理中的困惑、普惠性民办幼儿园政策运行中的困境等。

2017 年 4 月初，即清明节后，我开始转移到 N 市 S 区进行调研。经朋友介绍认识了园长 SHR，她先后创办了三所幼儿园，皆在 N 市 S 区，分别是XM 幼儿园、JH 幼儿园以及 KEJ 幼儿园。这三个园都已认定为普惠性民办幼儿园，一个主体园，两个分园。她回答了我的问题，并讲述了她办学的苦恼、潜伏的危机以及生存的艰辛。经她同意，我拜访了一个分园的执行园长 FY，经过两天的接触、交流，FY 园长也道出了教育教学上的困惑。

2017 年 4 月 5 日下午，我前往 N 市 Y 县新县城 XZ 镇调研，首先拜访了教育局教育股副股长 HZQ，他简单介绍了普惠性民办幼儿园政策运行的情况。其次，我有选择性地走访了三所普惠性民办幼儿园，即 JTY 幼儿园、GZDL幼儿园和 QSN 幼儿园。我从与三位园长的交流中得知普惠性民办幼儿园政策运行现状、老师的感受、建议、园长的角色认知、教师队伍建设等情况。

2017 年 4 月 10 日，我转入 Y 县老县城 JC 镇调研，先后选择了五所幼儿园，其中有两所是公办幼儿园（一所省级示范园、一所市级示范园），其余三所均是普惠性民办幼儿园。通过与这几所幼儿园园长的交流得知，他们对"普惠性幼儿园"这一概念的解读、普惠性幼儿园园长角色的认知是丰富的，带有极强的个人色彩。

2017 年 4 月 17 日，我转入 S 市 P 县调研，先后选取了县城的两所公办园和 7 所普惠性民办幼儿园。从这几位园长或办学者的话语中我获取了一些有益信息，发现普惠性民办幼儿园政策运行中存在体制瓶颈问题。

2017 年 4 月 25 日，我转入 Y 市 Y 县调研，先后选择了两所公办幼儿园、一所普惠性民办幼儿园以及一所非普惠性民办幼儿园。通过与四位园长的交流，我获得了一些信息。

2017 年 3 月 30 日至 4 月 30 日，经过一个月的田野考察，我返校整理资料后，对比发现：三地普惠性民办幼儿园政策运行情况各异，Y 市 Y 县行动迟缓，相对理想的是 N 市 S 区、J 区。

整理资料后，我反复研读、思考、对比，决定选择 N 市 Y 县、S 市 P 县进行深入调研，最后根据论文需要取舍。

2017 年 6 月 21 日，我开始到 N 市 Y 县调研，先后联系了该县 23 位普惠性民办幼儿园园长、10 位非普惠性民办幼儿园园长、8 位教育督导组组长或副组长、20 位中心小学校长或副校长，以及主管教育文化卫生科技的副县长、教育局计财股股长、财政局教科文政法股股长、民政局局长、扶贫移民局主管扶贫的副局长、发改局主管物价的副局长、教师进修学校校长、教育局学生资助管理中心主任、8 位教育督导组核算部主办会计展开调研，于 8 月 20 日结束，历时两个月之久，访谈结束后我立即返校整理资料。

2017 年 9 月 24 日，我开始到 S 市 P 县调研，先后到县政府办公室，教育局教育股、职教成教股、计财股、办公室、人事股、资料室，县师培中心，9 个教育督导组，县档案局，县财政局，县民政局，县发改局，县城两所独立建制公立幼儿园，9 个片区小学附属幼儿园及辖区内具有代表性的普惠性民办幼儿园以及民办教学点进行调研，于 2017 年 12 月 31 日结束。经过三个多月的实地考察，获得了大量文本材料和口述资料。我返回学校整理已有资料后反复研究、对比，发现 P 县也许更适合本研究。

2018 年 5 月开题通过后，我立即进入论文撰写阶段，一边研读原有资料，一边写作。当年 12 月论文初稿形成，亟须一些相关资料，尤其是一些可靠、翔实的资料，这需要对原有对象进行深度访谈，另外，还需挖掘出一些新的资料线索，以充实论文事实基础。

2019 年 3 月初，我的朋友 LLY 老师回到了原工作单位——P 县教育局，并担任主管教育教学的副局长，于是我急忙赶回 P 县再与他进行一次深度访谈。交流后，他当即决定，大力支持我的研究计划。

3 月 11 日上午，我首先拜访了教育局教育股股长 YXH、QXR 老师，因教育股主管全县公办幼儿园，我在与他们的交流中了解到该县公立幼儿园的发展概况和存在的困境。尤其是 QXR 老师从一位基层幼儿教师转变为一位管理者，她对幼教思考更为全面、深刻。接着，我拜访了曾经请教过的职教成教股 YK 股长、CDF 老师、DB 老师，职教成教股专门管理全县民办幼儿园，他们给我提供了一些鲜活的素材。然后，我到计财股分别请教主管奖补资金政策的股长 HJY、主管资助政策的副股长 ZXG、主管教育扶贫救助政策的 HXY 老师，他们讲述了这些政策在当地的运行情况，并让我自己查阅政策文本，复印需要的政策文本。我便复印了 400 多页的政策文本，还拍了 200 多张照片。

当天下午，我继续拜访教育局人事股股长、办公室主任、资料室 LXL 老师，从他们那里获得了一些宝贵的政策文本。随后我去县师培中心，请教了师培中心主任 TCM，了解了教师培训方面的信息。

为了深入了解资助政策、奖补政策的资金运行情况，我专程请教了县财政局教科文股 JM 股长。她非常支持，从 JM 股长那里我获取了一些信息。

档案局资料室一位不知道姓名的年轻小妹妹，看了我的介绍信后，按照我的要求连续查阅了几种资料，都被我否定了，但她并未生气，还是耐心地带我找。后来，我自己选定、复印了 400 多页资料。

全县 9 大片区，除了 PN 镇、SF 镇、RL 镇是我自己乘车去调研外，其余 6 个片区都是当地教育督导组来接的我。访谈对象由当地教育督导组提供，我根据研究需要选择。当地教育督导组派老师全程陪同，这给我的调研带来了极大的方便。

从 3 月 11 日开始到本月 28 日结束，历时 18 天，我将 P 县 9 个大乡镇重跑一遍，调研的幼儿园包括 10 所公立幼儿园、32 所民办幼儿园，32 所民办幼儿园中有 31 所普惠性民办幼儿园、1 所非普惠性民办幼儿园。每到一处都受到热情接待，有很多感人的故事，其中最令我感动的是下面几件事：

CC 镇教育督导组主任 HSQ 陪同我到一所办学质量较好的普惠性民办幼

儿园调研。后来又在镇民办幼儿园微信群留言，请大家配合我调研。最后利用周末时间，与我畅谈5个多小时，交流过程中，他谈及自己的家庭背景、成长经历以及全县教育发展概况、现在制约当地教育发展的瓶颈，流露出一种深厚的教育情怀和强烈的责任担当精神，一位老教育人的忧思隐含于话语中。晚上他又邀请几位校长与我交流，此行我收获颇丰。

PN镇教育督导组JJQ老师受教育督导组主任TYG委托，全程陪同我调研，通过与该镇某小学校长、副校长、教导主任交流，我搜集了相关信息。后来，我到两所普惠性民办幼儿园调研，因时间太晚，返城车辆少，他便联系了车，还付了车费。

26日下午结束SF镇调研后，途径RL镇，我便决定调研此地。教育局副局长LLY立即联系当地教育督导组，他们当时正在开会，但他们非常支持我的调研工作，组长TZH专门安排JJP老师全程陪同我调研，结束该镇小学附属幼儿园调研时，已是下午5点了。该镇另一家办学声誉很好的普惠性民办幼儿园——RS幼儿园园长DAH一直在等我，我们的交流从近六点开始，一直谈到晚上9点左右，后来共进晚餐，席间交流我收获不小。晚餐结束后，他们又陪同我找了一家安静、安全、舒适的旅馆休息。

28日计划返回S市A区，因RL镇RS幼儿园执行园长DAH再三推荐我去拜访她们园园长ZSN（DAH主管教育教学，其他方面不够清楚，ZSN才是该园创办者），我便决定去一趟。我到ZSN所在幼儿园时已是上午近十一点，她一直在办公室等我。我们的谈话很愉快，时间过得很快。我从其讲述中得知：她是我同乡，高中毕业后便外出务工，后来，她的经济条件好了，便想通过办幼儿园来回馈社会。现在她是P县民办教育协会秘书长，并创办了四所幼儿园。我们交流很愉快，此行我收获了诸多有价值的信息。

二、书稿框架

全书共六章。第一章"普惠性民办幼儿园政策运行研究述评"，首先概述研究缘由、回顾研究文献，其次确定研究区域、遴选研究方法，最后界定概念、勾勒研究过程、简述书稿框架。

第二章"普惠性民办幼儿园政策运行的具体情景"，首先归纳政策特征，其次勾勒P县社会发展概貌、概述其教育变迁历程、描摹学前教育发展现状，最后呈现普惠性民办幼儿园政策运行样态。

第三章"普惠性民办幼儿园政策运行现状的影响因素分析"，分别从政策运行主体、政策运行客体进行分析，政策运行主体分别从主体的认知水平、认同度、行为方式进行剖析；而政策客体即政策文本，分别解析教师培训政策、奖补资金政策、资助政策的影响因素。

第四章"普惠性民办幼儿园政策运行的机制建构"，分别从政策运行主体、政策运行客体进行论述，即优化政策运行主体行为，提升政策运行客体质量。

第五章"普惠性民办幼儿园政策运行特征"，分别从教师培训政策、奖补资金政策、资助政策三个方面具体梳理、归纳。

第六章"普惠性民办幼儿园政策运行访谈提纲和访谈案例"，分别从教育工作者、家长及监护人两个方面展开。

第二章 | 普惠性民办幼儿园政策运行的具体情景

展示 P 县普惠性民办幼儿园政策运行的生动图景前，我们首先梳理、总结普惠性民办幼儿园的政策特征，如此才能更全面、透彻地理解政策运行样态，解读政策运行样态的缘由，提炼政策运行的特征。

第一节　普惠性民办幼儿园政策特征解读

普惠性民办幼儿园政策自诞生以来，随着社会的发展而不断演变，不断成长，具体从以下三个方面简述。

一、教师培训政策：项目推动，分类实施

教师观念不改变，如何引领儿童正常发展和健康成长呢？因此，必须加强教师培训工作。教师职业本身就需要不断学习，教师理应具有自觉的终身学习理念，"加紧学习，抓住中心，宁精勿杂，宁专勿多"[①]；同时，要真正提高教师水平，更 "要请一些好的教师当教师的教师，……要把师资培训列入规划，列入任务。"[②]

为了提高管理绩效，从 2011 年开始，教育部对教师培训实行项目制管理，项目名目繁多，诸如县级教师培训机构培训者远程培训项目、置换脱产

[①] 周恩来. 周恩来选集（上卷）[M]. 北京：人民出版社，1980：125

[②] 邓小平. 邓小平文集（第 2 卷）[M]. 北京：人民出版社，1983：55.

研修和远程培训项目、中西部项目、幼师国培项目。2016年，S省教育厅将"国培计划"中西部项目和幼师国培项目进行公开招投标，从此教师培训走向市场，这样激发了师资培训市场活力，有利于提升培训质量。

2015年6月1日，国务院办公厅出台了《乡村教师支持计划（2015—2020年）》。为了尽快落实这一计划，2018年教育部将原来的"国培计划"中西部项目和幼师国培项目中的"教师培训团队研修项目"调整为"乡村教师培训团队研修项目"，旨在补短板，夯基础。同时，开始增设"'国培计划'示范性项目"，该项目被分解为培训团队高级研修项目、名师领航研修项目、紧缺领域教师培训项目、骨干校园长培训项目、网络研修创新项目；其示范性表征为培训对象、培训方式、肩负的任务等。

其中"幼师国培项目"中对教师的培训分为骨干教师、转岗教师、特岗教师、新任教师、乡村教师、教学点教师等，分类标准为教师外在标志、工作地点，类别划分较为精细，管理成本较高。

以上这些项目从本质上看，是以提升管理成效为宗旨，以遴选最佳施训者、受训者来凸显培训针对性、实效性，以项目为载体来推动实施，有利于从人员、经费、质量监测等方面进行专项管理，突出培训效益。

二、奖补资金政策："奖""补"内涵不清，界限模糊

国务院于2010年11月21日出台了《关于当前发展学前教育的若干意见》（国发〔2010〕41号），该文件指出：采取政府购买服务、减免租金、以奖代补、派驻公办教师等方式，引导和支持民办园提供普惠性服务。其中"以奖代补"对"奖""补"的政策依据未阐释。

财政部、教育部于2011年9月5日出台了《关于加大政府投入支持学前教育发展的通知》（财教〔2011〕405号），该文件指出，中央财政安排"扶持普惠性民办园发展奖补资金"，根据各地扶持普惠性、低收费民办园发展的工作实绩给予奖补，对"综合奖补类"和"幼儿资助类"项目，由各地先行组织实施，中央财政根据实施效果予以奖补。这里对"综合""奖补"未具体解读。

财政部、教育部于2015年7月1日出台了《关于印发〈中央财政支持学前教育发展资金管理办法〉的通知》（财教〔2015〕222号），该文件明确规定：学前教育发展资金分为两类：即"扩大资源"类项目资金和"幼儿资助"类项目资金。"扩大资源"类项目资金用于奖补支持地方多种渠道扩大普惠性学前教育资源。"扩大资源"类项目资金分配因素包括基础与绩效因素、投入与努力因素和改革与管理因素三类。其中"奖补"内涵仍然不清。

P 县财政局、教育体育局于 2015 年 5 月 6 日联合下发《关于下达 2014—2015 年民办园奖补资金的通知》(P 财教〔2015〕23 号),该文件将资金来源明确界定为:2014 年中央奖补资金 43 万元、省奖补资金 25 万元,2015 年省奖补资金 25 万元。奖补资金分为三部分发放:等级奖,2014 年考核奖,园舍租金、校舍维修改造、公用经费补助。

国家层面、S 省层面尚未对"奖""补"内涵做明确、清晰的解读,给基层政策实践者留下了政策实践创新的空间。基层政策文本开发很多时候也是"奖补"并称,未对"奖""补"的对象、内涵做出较权威的界定,资金分配大致情况为:"奖"的内涵是办园等级、年审等级,这是一种质量取向的激励举措,侧重于绩效的激励;"补"的内涵是硬件设施暂时不达标的给予补贴,倾向于硬件帮扶,侧重于对未来的投资预期。

从以上政策文本的模糊表述到 P 县运行主体的实践探索,笔者个人认为:"奖"是针对提供普惠性产品质量较好的给予奖励;"补"是针对提供具备国家规定质量标准的普惠性产品而目前暂时存在能力限度的予以补助。

国家层面、省级层面"奖""补"只是一个指导性框架,不可能明细、具体化,这要求地方根据当地情况,进行政策文本开发和政策实践探索。但目前很多地方未对"奖补"内涵、适用对象做出清晰界定和阐释。

换一个角度来说,"奖补"内涵不清,界限模糊,一方面考验地方政府的能力,另一方面,引导政策对象模糊"奖""补"方向,淡化"奖""补"意识;同时,在一定程度上减少了社会矛盾、避免了社会冲突,因"能力限度"是一个相对概念,对于某些举办者而言也许永远存在"能力限度"。再者,降低了管理成本,提高了行政管理效益。这是突破体制障碍实行"公民投资一体"的体现,即民办幼儿园的"利益表达结构"[1]、内部报酬结构的一次变革,这些"利益集团和利益表达渠道"[2]是当今政府需要整合普惠性学前教育资源来参与普惠性学前教育服务而组织和建立起来的。

三、资助政策:"政策色彩浓厚"

任何一项政策作为政府输出的公共产品,必定带有一定的政策色彩,因"公共政策的倾向就是对政治体系作为的选择,即对社会资源的提取和分配

---

① [美]加布里埃尔·A. 阿尔蒙德, 小 G·宾厄姆. 鲍威尔. 比较政治学:体系、过程和政策[M]. 曹沛霖, 郑世平, 公婷, 陈峰, 译. 上海:上海译文出版社, 1987:229.
② 同上, 228.

以及对行为管制的选择"①。资助政策作为一项民生工程，与教师培训政策、奖补资金政策相比较，"政策色彩"显得更为"浓厚"，因为其政策对象是一个特殊群体。

国务院于2010年11月21日出台了《关于当前发展学前教育的若干意见》（国发〔2010〕41号），该文件指出：建立学前教育资助制度，资助家庭经济困难儿童、孤儿和残疾儿童接受普惠性学前教育。该政策是回应"入园贵"的现实困境而诞生的，这也许是公众的行为直接影响了决策者的思考。它一方面是让幼儿通过接受经济资助而感受到社会的关爱；另一方面，从经济领域给幼儿提供了发挥潜力的机会。

教育部、国家发展改革委、财政部、人力资源和社会保障部于2017年4月13日联合出台了《关于实施第三期学前教育行动计划的意见》（教基〔2017〕3号），文件特别强调：进一步健全资助制度，确保建档立卡等家庭经济困难幼儿优先获得资助。它突出问题导向，抓住关键环节，"确保""优先"凸显其政治高度和政策的性质。

这里是通过经济手段来增强幼儿的生活信心和生活技能，旨在在其人生早期即阻断代际贫困，消除贫困文化，促进社会成员正常流动，减少社会排斥，提升社会整合度。同时，"一切群众的实际生活问题，都是我们应当注意的问题"②，这是我们执政党"在改革和发展中不断改善民生"的执政宗旨的具体体现。

第二节　P县的社会发展概况和教育变迁历程

在展示P县普惠性民办幼儿园政策运行的具体现状前，必须对P县的社会发展概貌做简要勾勒，对其教育变迁做简单梳理，揭示普惠性民办幼儿园政策在这样特殊而又普通的地域空间呈现出鲜活的运行状态的具体的社会背景和政策生态环境。

一、P县的社会发展概况

"P县境，东晋永和十一年（355）始置B县，其后几经易名，并与邻县

---

① [美]加布里埃尔·A.阿尔蒙德，小G·宾厄姆.鲍威.比较政治学：体系、过程和政策[M].曹沛霖，郑世平，公婷，陈峰，译.上海：上海译文出版社，1987：50.
② 毛泽东.毛泽东选集（第1卷）[M].北京：人民出版社，1991：137.

分合，于唐天宝元年（742）改 T 县为 P 县，县名沿用至今。"[1] P 县 1949 年 12 月 10 日解放，翌年 1 月 5 日 P 县人民政府成立，隶属于当时的 C 行署 S 分区专员公署。1958—1968 年先后隶属于 S 专区、M 专区。1985 年 2 月 8 日国务院批准将原来的 M 地区分为 M、G、S 3 个省辖市。而 S 市下辖市中区、S 县、P 县。P 县县城自明正德六年（1511）以来，一直设在 CC 镇。1985 年年末，P 县下辖 11 个区、两个直辖镇、76 个乡、5 个乡级镇、9 个乡级办事处。人口 112 万，汉族占 99.9%。[2]

P 县县域内地理分布呈现出"人"字形，东西相距 95 千米，南北相隔 62.5 千米，面积 1953.34 平方千米。县城距离 S 省省会 C 市 280 千米，距离 S 市 49 公里，离 N 市 50 千米。[3] P 县境内主系中丘，丘陵面积 1032.9 平方千米，居全县总面积的 52.9%；稍微平坦的坝子面积 263.9 平方千米，占全县总面积的 16.5%；农业耕地面积 990377 亩（1 亩≈667 平方米，占全县总面积的 33.8%。境内河流众多，河网密布，气候温和，雨量充足，适宜于农作物生长。县域内土壤多土质贫瘠的黄色黏土、亚黏土、紫色石骨子土，不利于一些作物生长。

P 县的社会变迁是全国社会变迁的缩影，不过它具有一定的地域性。中华人民共和国成立后，P 县委、县政府在上级党委、政府的领导下，开展清匪反霸、减租退押、土地改革、"三反""五反"、抗美援朝运动，截至 1956 年完成社会主义改造，全县实行按劳分配制度和生产资料公有制。"一五"期间工农业总产值年均递增 4.6%，"二五"期间因极左思潮影响，工农业总产值年均递增 3.9%，"三五""四五"期间，全县干部群众尽力排除"左"的干扰，始终坚持生产，工农业总产值年均递增 3.8% 和 9.1%[4]中华人民共和国成立初期，P 县唯有制盐、粮油加工、铁、木等手工业。十一届三中全会后，P 县立足本地资源，初步建立起农产品加工、制盐、机械、化工、纺织等比较完备的工业体系。"1985 年农业人均耕地降为 0.94 亩，农业总产值上升为 35 445 万斤，占工农业总产值的 67.66%，总产量 52 392 万公斤，向国家提供商品粮 4 422 万公斤，棉花 822.5 万公斤，肥猪 44 万头。"[5]可见，P 县充分发挥自己的优势，以农业为基础，以工业为主导。

随着生活水平的提高以及医疗卫生条件的逐步改善，P 县人口数量不断

---

① P 县志编纂委员会办公室. P 县志[M]. 成都：四川辞书出版社，1995：56.

② P 县志编纂委员会办公室. P 县志[M]. 成都：四川辞书出版社，1995：1.

③ P 县志编纂委员会办公室. P 县志[M]. 成都：四川辞书出版社，1995：60.

④ P 县志编纂委员会办公室. P 县志[M]. 成都：四川辞书出版社，1995：2.

⑤ P 县志编纂委员会办公室. P 县志[M]. 成都：四川辞书出版社，1995：3.

增长，人口质量不断提升。"1985 年人口总数为 1 124 367 人，出生人口为 14 264 人，自然增长率千分之五点七。据 1982 年人口统计，全县大学毕业生 842 人，占总人口的 0.08%；高中毕业生 25 045 人，占总人口的 2.29%；初中毕业生 164 353 人，占总人口的 15.09%；小学毕业生 459 086 人，占总人数的 42.16%。"① 可见受教育程度逐渐提高。不过基础教育的普及程度、教育质量的提升还任重道远。

二、P 县的教育变迁历程

P 县历来有兴学重教的传统，兴学以教化民众、开启民智，重教以知书达理、修身养性、追求善德。早在清代就设有县学："P 旧设教谕一员，训导一员。雍正二年（1724）裁训导员，拨管 L 县学。县学额取 8 名，廪生 20 名，增生 20 名，2 年一贡，武童岁试额 8 名。"② 书院是唐末诞生的一种集教学、研究于一体的民间教育机构，1575 年邑令李建中开始创办书院，后来于 1628 年、1801 年又有人创办书院，至 1899 年，P 县书院已达 16 所。1896 年冬，该县义学已达 25 所。1935 年该县私塾 106 所，其中改良 66 所；私塾招收学生 2 978 人，其中改良私塾学生 1 920 人；塾师 118 人，其中合格教师 66 人，中华人民共和国成立后，所有私塾全被改造为公、民办小学。③

1931 年 P 县开始创办幼稚园，1935 年在园幼儿 76 人，其中男幼 24 人，1945 年 PL 镇、XS 乡相继创办幼稚园。1949 年全县仅有公立幼儿园 1 所，学生 30 人，教师 1 人。中华人民共和国成立后，P 县学前教育发展迅速，各地均根据自己的条件开办幼儿园，为了让农妇安心从事农业生产，1956 年，农村开办各类幼儿园 36 所，42 个班，教养员 44 人，在园幼儿 1 485 人。1958 年，受极左政策影响，全县公、民办幼儿园达 1576 所，在园幼儿 45 491 人，教职工 1 662 人④。因受当时环境的影响，P 县一时诞生了诸多办学条件不达标的幼儿园，后来都进行了整改。十一届三中全会后，P 县学前教育走上了正轨，1985 年全县幼儿园已达 667 所，在园幼儿 20 311 人，入园率 86.5%，教职工 857 人。⑤

1904 年 P 县开始创办高等小学堂，1905 年正式招生，学生 60 人，实行

---

① P 县志编纂委员会办公室. P 县志[M]. 成都：四川辞书出版社，1995：135、139.
② P 县志编纂委员会办公室. P 县志[M]. 成都：四川辞书出版社，1995：618.
③ P 县志编纂委员会办公室. P 县志[M]. 成都：四川辞书出版社，1995：618.
④ P 县志编纂委员会办公室. P 县志[M]. 成都：四川辞书出版社，1995：619.
⑤ P 县志编纂委员会办公室. P 县志[M]. 成都：四川辞书出版社，1995：619.

资助政策。1911 年，该县已有高等小学堂 5 所、初等小学堂 1 所。1912 年开始改高等小学堂为高等小学校。1921 年后，县教育局拨专款以扶持初级小学发展。正是在政府的政策支持下，1930 年全县初级小学已发展为 195 所。1935年执行教育部《短期义务教育实施办法大纲》，逐渐创办一年制小学，1936年短期小学已达 40 所。①

中华人民共和国成立后，P 县政府对当时的教育进行整顿，将中心国民学校改为完全小学。为了尽快尽量满足广大民众求学的愿望，1952 年县政府将民办小学全部改为公办小学。1958 年，因当时环境的影响，各类学校增至1 276 所，其中民办小学 770 所，学生 136 230 人。② 20 世纪 60 年代初，鉴于当时过于理想的办学行为，优化教育结构，压缩招生规模。1963 年，为了落实"两条腿走路"的办学方针，迅速创办了大批就学方式灵活的耕读小学。1965 年，全县耕读小学 830 个班，学生 14 391 人，毕业仅 62 人③，办学条件差、就学时间灵活而导致教学质量难以保证。1969 年，为了响应上级指示，县"革委"将 MF、XY、SJ 等一些公办小学的办学权下移到当地大队，教师身份变为农民，报酬即工分，最后与农民一起分享粮食，后来遭遇抵制而未全面推开，1973 年又恢复政府办学。至 1976 年，各类公、民办小学 935 所，学生 185 863 所，入学率 98.11%④，因办学条件太差，办学质量堪忧。

20 世纪 70 年代末，P 县积极贯彻"恢复、调整、充实、提高"的方针，努力改善办学条件，不断提升办学质量，确立"稳定、控制发展初中，普及小学"的办学思路，该年小学净增 120 个班，入学率达 98.5%。⑤1985 年，全县公、民办小学 859 所，学生 170 410 人，教职工 6 147 人。⑥

P 县 1924 年开始在 WC 宫创办县办初级中学（今 P 县高级中学校），当年秋季考试招生，只招一个班，仅限于男生。1930 年在 HX 书院基础上创办县立女子初级中学，1935 年该校并入县立初级中学，改称女生部。1944 年该校女生部改称县立女子初级中学，每年仅招一个班。1939 年秋，本县以 LZH、LSX 等为代表的 15 位进步人士在城东 LW 庙、ZT 宫创办民办抗建中学，收生仅两个班。1940 年秋，以 YZY、YTQ 等为代表的本县人士自筹资费创办了县立初级中学 PL 分校；1944 年，省政府批准将该分校改为 P 县第二初级中学（今 PL 中学），1948 年开始招收女生，仅仅招收一个班，人数控制为

① P 县志编纂委员会办公室. P 县志[M]. 成都：四川辞书出版社，1995：619.
② P 县志编纂委员会办公室. P 县志[M]. 成都：四川辞书出版社，1995：620.
③ P 县志编纂委员会办公室. P 县志[M]. 成都：四川辞书出版社，1995：620.
④ P 县志编纂委员会办公室. P 县志[M]. 成都：四川辞书出版社，1995：620.
⑤ P 县志编纂委员会办公室. P 县志[M]. 成都：四川辞书出版社，1995：620.
⑥ P 县志编纂委员会办公室. P 县志[M]. 成都：四川辞书出版社，1995：620.

40～50 人。1944 年，县开始创办高级中学，每年仅招收一个班，这种招生规模、管理模式一直持续到 1949 年。

中华人民共和国成立后，P 县人民政府对旧社会的一些教育机构进行整治，将原有的民办抗建中学、县立女子初级中学并入 P 县立中学，高中 6 个班，学生 150 人；初中 12 个班，学生 382 人，教师 35 人。[1] 同年秋，P N 初级农职中学并入 RL 初级中学，RL 初级中学迁入原 P N 初级农职中学校址办学，至此全县中学 4 所，33 个教学班，学生 1051 人，教职工 62 人。1956 年，根据当时教育部的办学精神，分别将 PX 县中学、PL 初中、CG 初中统一命名为 S 省 PX 中学、S 省 PX 第一初级中学校、S 省 PX 第二初级中学校、S 省 PX 第三初级中学校，随后将四所初级中学分别命制为 S 省 PX 第四初级中学校、S 省 PX 第五初级中学校、S 省 PX 第六初级中学校、S 省 PX 第七初级中学校。1959 年，PX 第一初级中学校被省政府批准为高级中学，开始招收高中学生。随后 RL 初级中学也相应开始招收少数高中生，WJ、DS、LS、MY 四个公社也开始成立初级中学，CG、PL 各自建有民中 1 所。至 1960 年，全县中学达 415 所，学生 9 305 人。[2]

1961—1962 年，对当时的中学办学情况进行整顿，清退超龄学生（初中 15 周岁、民中 17 周岁以上）；裁减教师 220 人，其中民中教师 212 人；停办初中或高中，停办 WJ、MY 初中，RL 初中停招高中学生；变革办学主体，DS、XS、HB 三个公社的初中全部改为民中，后来又恢复公立中学。70 年代初，一些小学办初中班 144 个，HB、XS 等 6 所初中又开始办高中班，1973—1975 年，先后恢复 WJ、MY 初中，新建 MF、JX、JF 3 所初中。WJ、MF、JX、JF、MY 5 所初中又纷纷开始举办高中班。[3] 当时的教育政策经常变化，时办时停，既浪费了大量教育资源，也影响学生、教师的正常生活和学习。

1985 年，全县单设初级中学 39 所，小学（含村小学）举办初中班 78 个，高级中学 5 所，招收高中学生的初级中学 3 所，学生数为 1950 年学生数的 11 倍。[4]

职业教育历史悠久。早在 1935 年，ST、PX、ZJ 三县联合举办 SP 中联立 XS 小学，该小学附设普通农业科职业班。1938 年，省政府批准将原 SP 中联立 XS 小学改为民办 XS 初级农业职业学校，1943 年又将民办 XS 初级农业职业学校改为民办 XS 高级农业职业学校，该校一直到 1949 年才停办。

---

① P 县志编纂委员会办公室. P 县志[M]. 成都：四川辞书出版社，1995：623..
② P 县志编纂委员会办公室. P 县志[M]. 成都：四川辞书出版社，1995：623.
③ P 县志编纂委员会办公室. P 县志[M]. 成都：四川辞书出版社，1995：623.
④ P 县志编纂委员会办公室. P 县志[M]. 成都：四川辞书出版社，1995：624.

1939 年在县城东街 FZ 庙创立县立城区棉织学校，翌年因实习工厂倒闭而并入县 DXJ 小学附属棉织班，1941 年该小学改为县立初级中学附设棉织班。

中华人民共和国成立后，大力发展农业，县政府审时度势，积极举办农业初级学校。1958 年，全县半耕半读学校多达 97 所，后来调整为 49 所，学生 3 514 人。20 世纪 80 年代中期，为缓解众多考生高考压力，调整中等教育结构，首先将 MY 初级中学改为职业高中，在 HB、SF 初级中学，CC 镇民办初中内增设职业高中班，开设农学、水果、蚕桑、畜牧、建筑、财会等专业。1985 年，全县职业高中班 21 个，学生 1 151 人，毕业生 52 人，教职工 70 人。[①]

今天，P 县委、县政府一班人正带领全县人民实现本县的"十三五"规划目标，巩固基础教育成果，提升基础教育质量；加快普及学前教育步伐，夯实义务教育基础，推进县域内义务教育均衡发展；逐步普及高中阶段教育，深化职业教育改革，扩大职业教育规模；构建终身教育体系。

第三节　P 县学前教育发展现状

笔者首先以一个个亲历者的故事展开，通过其故事的言说向读者具体展示目前 P 县县域内学前教育发展的具体情况，解释其背后深刻的缘由，最后予以总结。

一、学前教育发展现状概述

教育局职教成教股股长 YK：

全县独立建制公办幼儿园只有两所，即 CC 镇 CC 幼儿园、JG 幼儿园，且它们是目前我县唯一的两所省级示范公办幼儿园。9 个片区所在地都是小学附属幼儿园，由于这些幼儿园一直没独立出来，即没有独立的财政权、人事权，很多附属幼儿园或所有这些中心小学附属幼儿园至今没有幼儿专业教师。其余 21 个乡镇小学附属幼儿园一样未独立出来，没有幼儿专业教师。公办幼儿园建设、发展滞后，民办幼儿园反而发展迅速。

全县民办学校 80 所，其中民办幼儿园 62 所，在园幼儿 8 754 人。全县民办学校教职工 696 人，其中教师 471 人。民办学校教师学历多是中师（含中专），且这些教师从教时间最长的是 20 年以上。

---

① P 县志编纂委员会办公室. P 县志[M]. 成都：四川辞书出版社，1995：627.

教育局教育股股长 YXH：

我县公办幼儿园发展一直缓慢，如现在县城的幼儿有 5 200 多人，两所公办幼儿园只能容纳 1 000 多人，还有 4 000 多人无法安排，必须修建几所公办幼儿园以满足更多的求学者的入园需求。

CC 镇教育督导组主任 HSQ：

我们 S 市下辖两区、三县，即 A 区、C 区、D 县、S 县、P 县。D 县全县 40 多万人，4 所公办幼儿园；我们 P 县 70 多万人，至今仍只有 2 所公办幼儿园。由于城市化进程加快，一些村级、乡镇小学附属幼儿园生源逐渐萎缩，村级幼儿园逐渐解体，乡镇小学附属幼儿园艰难运转。而县城范围内 3～5 岁学龄儿童有 5 800 多人，两所公办幼儿园吸纳幼儿人数翻番、超负荷运转，最多容纳三分之一，三分之二的幼儿在民办幼儿园。我们公办幼儿园没起到主导作用，反而民办幼儿园"挑大梁"，吸纳学生占总量的 60%～70%。

可见，P 县当今学前教育发展呈现出"民盛公衰"的局面，公共学前教育资源严重短缺，尤其是优质公共学前教育资源更加缺乏。那么，造成这一现象背后的深刻缘由何在呢？

（一）公共学前教育资源短缺的原因追溯

1. 历史成因

教育局教育股老师 QXR：

20 世纪 90 年代全市（S 市）公办幼儿园全面推向社会，人员分流，资产由乡镇接管，这些改制后的幼儿园自负盈亏，自我发展。当然，各地主管领导政策预测、分析能力各异，而采用政策实施方式不同，政策效益自然不同。

我们 P 县将各乡镇小学附属幼儿园全部推向市场，仅保存了县城两所公立幼儿园。这种市场化运作模式，导致我县学前教育公共资源的浪费。从整体上看，我县学前教育发展缺乏应有的基础，这是我县学前教育发展滞后的根本原因。

S 县恰恰相反，当时县委、县政府领导决定将各乡镇小学附属幼儿园一律整体纳入当地小学统一管理，不推向市场。这样，他们的学前教育一直发展得很好，没有受到当时情况的影响。

2. 现实因素

（1）财力有限。

财政局教科文股股长 JM：

我们是国家级贫困县、革命老区、农业大县、人口大县，财政收入最多5个多亿，但支出要30多个亿，中央财政转移支付22亿多，可见财力非常有限。县域内公共服务能力与财力不匹配，县委、县政府压力较大。

（2）政绩考核、个人职务晋升导向作用。

第一，县域内学前教育投入一直不足。

CC镇教育督导组主任HSQ：

S市A区已建好了3所公办幼儿园，D县连续建了3所公办幼儿园。目前，从全市基础教育发展趋势来看，P县基础教育发展至少滞后其他地区10年。这说明政府投入是关键。由于政府长期投入不足，县域内优质学前教育资源严重短缺，学前教育公益性难以凸显，大批适龄幼儿就学于众多质量良莠不齐的民办幼儿园。为了整合县域内学前教育资源，政府将一些民办幼儿园纳入普惠行列，要求其提供普惠产品。不过政府对民办幼儿园扶持力度小，奖补资金来源于中央财政、省财政，县财政"有心无力"。这在一定程度上挫伤了一些民办幼儿园加入普惠行列的积极性。过去两年，我县地方基础教育政府投入总量与S市其他县（区）相比，是全市倒数第一；从全市基础教育投入的各项指标评估来看，我县还是全市倒数第一。

"入优质公办幼儿园难、入高端民办幼儿园贵"这一社会难题我县一直未能有效解决。这也许与现有干部考核机制有关，义务教育有相应法律保障，其实施效果明显不同，这说明什么？政策实施的力度与效果成正相关。

WJ镇小学附属幼儿园园长CCH：

我们S市所辖D县、S县、P县、A区、C区，今天，从全市学前教育发展现状来看，我们P县也许是最落后的。这里仅以D县为例加以说明。

第一，师资。D县一个乡镇公办幼儿园，师资配置完全达标：两教一保，且注重专业化、年轻化。我的一个表妹在那里上班，她是幼师毕业的，才30多岁就被列入大龄幼儿教师行列，而我40多岁才走上园长岗位，且我是转岗教师，很多专业知识是不断从实践中、书本中学来的。这让我很惭愧！仅"师资"一项指标，我们与人家差距就很大。

第二，园舍。几年前，D县各乡镇就建好了独立建制的公办幼儿园，且是严格按照国家标准建设规范的公办幼儿园。我们P县至今只有县城两所公立省级示范幼儿园，九个大乡镇小学附属公办幼儿园9所，都不是独立建制的幼儿园，听说DS镇要建一所独立建制幼儿园，但至今还在规划。

第三，未独立建制的幼儿园教师结构性缺失。

县教育局主管教育教学的副局长 LLY：

我们管理重心在义务教育阶段，因我们是国家级贫困县、农业大县、革命老区、人口大县，财力受限。财力主要来源于中央财政转移支付，本地财力根本无法支撑我们所有事业单位正常运转。再者，国家相应的扶持政策较少，我们职能部门的主要精力、财力都放在义务教育上。《中华人民共和国义务教育法》如果不认真执行，我们必须承担法律责任。

TF 镇教育督导组主任 XJQ：

师幼比离国家标准相差太远。国家 2017 年颁布的《幼儿园教职工配备标准（暂行）》规定：各地新设立的全日制幼儿园，教职工与幼儿的比例为 1∶5～1∶7。我们这里师生比是 1∶33。公办幼儿园专业教师奇缺，其原因在于一些小学领导基于现有政绩考核、职称职务晋升的考量，首先须优先保证义务教育顺利推进，保证在义务教育各阶段完成其教育教学任务，《中华人民共和国义务教育法》作为一条刚性的指标来检查、督促，违法者要承担相应责任。所以，一些小学校长对学校的师资进行结构性调整，让一些幼儿教师去担任小学教育教学工作，又让一些即将退出小学讲台生涯或教育教学质量不太理想的老年教师去担任幼儿教育教学工作，他们都属于转岗教师，在一定程度上都是学用分离。这是否存在资源浪费，不好说。这样的师资配置方式一直恶性循环，不知何时才能改变这种不均衡的师资结构。

MY 镇教育督导组主任 LZS：

幼儿专业教师严重短缺，公办幼儿教师结构性缺乏。一些小学领导基于自身思虑，面对校内师资短缺的残酷现实，选择"舍卒保车"的战略规划，重组校内人力资源，"合理"配置师资，即一些稀缺的年轻专业幼儿教师被"组织谈话"后，被调去担任小学相关学科教育教学工作；而另一些即将离开讲台的、教育教学质量与学校要求存在一定距离的、与个别领导关系不太融洽的小学教师，因工作需要，被安排去幼儿园担任相关工作。这样的资源配置方式，致使校园内师资结构性矛盾更加突出，附属幼儿园始终处于资源分配边缘化地位，专业幼儿教师始终是最稀缺的资源。附属幼儿园"先天发育不全，后天营养不足"。这样严重制约其健康发展，这样资源配置模式长期恶性循环，不知何时才是尽头。

WJ 镇小学附属幼儿园园长 CCH：

我们 WJ 镇小学附属幼儿园有 14 名教师，其中转岗教师 4 名，代课教师 9 名，这 9 名代课教师中幼师专业的 3 人，非专业教师 6 人，非专业教师占聘请教师总数的 66.7%，另外还有一位保洁员。我们园的教师结构如下：转岗教师、代课教师。其中，专业教师3人都是代课教师，她们占教师总数的21.4%。这意味着专业教师奇缺，其根本原因在于：校内教师结构性短缺，因小学严重缺人，每年招来的幼儿专业教师又去教小学，个别即将结束教育生涯的小学教师又去担任幼儿教育教学工作。

我是该幼儿园园长，自觉工作压力大。一些偏僻的乡镇非专业教师非常短缺，因偏远农村人烟稀少，文化素质较高的年轻女性早已扎根城市，或远嫁他方。偏僻的农村更没有人力资本市场。我们生源不愁，但教师资源紧缺，有时临近开学或正式开学，我们园仍不能及时解决师资问题，给校长汇报这一棘手问题，他也很无奈、很无助。我们都很着急，有时连续几夜都无法入睡。如我们不能尽快解决师资问题，那后果将不堪设想。

后来，我们只好"就地取材"，降低遴选标准：一是女性，二是已婚，三是初中或高中（含中师）学历，四是具备一定的保育经验，五是身心健康，六是愿意从事教育教学工作。通过我们广泛宣传，共同努力，最后终于找到比较适合的人选，以解燃眉之急。

可见，因受财力和干部考核机制影响，一些地方政府领导或学校领导采取差异性发展路径，即优先发展义务教育，优先集中有限的财力确保义务教育顺利发展，这也许是无奈的选择。

（3）幼儿教师招聘难，流失严重。

CC镇教育督导组主任HSQ：

当前招聘幼儿教师特别难，原因在于报考比例偏低，一些人即使考上了，也不来上班；即使来上班，因这一职业太辛苦，社会认可度不高，职业幸福感、认同度缺乏，不久也转行或辞职。

TF镇教育督导组主任XJQ：

专业幼儿教师流失严重，原因在于职业本身劳动付出与回报不成正比，社会认可度不高，职业缺乏吸引力，一些专业幼儿教师工作不久就转行或辞职。

教育局教育股老师QXR：

我们本来财力就非常吃紧，政府拿出指标来招聘幼儿专业教师，但是经常无法进行，因报名人数不足以开考；即使一些人考上了，也不来上班，或另谋出路；即使来上班的，时常因缺乏正确的职业自我认知，缺乏职业自我认同度，不久也离职或转行。可见幼儿教师职业缺乏应有的吸引力，职业认可度不高。

（4）学用分离。

MY镇小学副校长兼附属幼儿园园长TWB：

我是学校副校长，主管学校教育教学工作，并兼任幼儿园园长，而且一直担任小学六年级数学教学工作。我本身不是学前教育专业出身的，没有相关实践经验，尽管有时外出学习一些专业知识，但也无济于事。因毫无理论基础和实践经验，且学用分离，管理重心自然偏向小学。因要严格考核，考核结果直接与个人绩效挂钩，各个学校都暗中较劲，这直接关乎个人的"未来走向"。

SF镇小学附属幼儿园园长LJC：

我走上园长岗位也许出于机缘巧合。我仅在幼儿园待过两年，实践经验肯定不够。走上园长岗位仅两三年时间，曾经参加一些园长外出培训，也学习了相关专业知识，但因自己原有专业背景、实践经验与现在管理岗位之间耦合度不高，所以专业成长不是很快，更重要的是学用分离。我工作重心是小学语文教学工作，因它是主要科目，且要参加考试，学生考试的分数是教师"硬件"的最佳体现。这与个人绩效直接挂钩，谁敢忽视？谁拿自己的教学声誉当儿戏呢？所以存在管理重心偏离问题，这自然影响专业发展。

MF镇小学附属幼儿园园长LLF：

我是转岗教师，一直担任小学语文教学工作。因工作需要我又去担任幼儿园园长。我也参加了上级及当地职能部门组织的各类园长培训，学习结束后，我返校与各位幼儿教师分享学习心得。说实话，我的管理重心在小学，因精力有限，加之考核机制导向作用，这属于学用分离。

上述案例说明：非专业出身、处于领导岗位的管理者也应继续专业深造。P县相关政策文本在培训资源分配上也存在类似情况。

P县教育体育局于2014年9月1日下发的《关于做好〈"国培计划"（2014）——农村中小学和幼儿园骨干教师短期集中及远程培训项目的通知〉的通知》（P教函〔2014〕214号），对上级下达的培训任务结合本县实际进行安排。该文件附件1：《P县2014年"国培"骨干教师短期集中培训项目送培名额分配表》，按以下几个项目分别实施：

幼儿园骨干教师短期集中培训：

第一，XH师范大学组织培训，参培学员6名，其中，CC幼儿园、JG幼儿园各两名，TF镇教育督导组、MY镇教育督导组各1名。

第二，XN大学组织培训，学员4名，DS镇教育督导组、MY镇教育督导组、RL镇教育督导组、PN镇教育督导组各1名。

公办园园长短期培训：

BJ师范大学组织实施，学员3名，其中，CC幼儿园2名、JG幼儿园1名。

幼儿园保育员短期集中培训：

SC 师范大学组织实施，学员 3 名，其中，CC 幼儿园 1 名、JG 幼儿园 2 名。

学前名师工作坊（室）高端研修培训：

SC 师范大学组织实施，学员 1 名，即 JG 幼儿园 1 名。

幼儿园转岗培训：

第一，MY 师范学院组织实施，学员 12 名，其中，CC 幼儿园、JG 幼儿园各 3 名，TF 镇教育督导组、MY 镇教育督导组、WJ 镇教育督导组各 2 名。

第二，SC 幼儿师范高等专科学校组织实施，学员 10 名，DS 镇教育督导组、MY 镇教育督导组、RL 镇教育督导组、SF 镇教育督导组、PN 镇教育督导组各 2 名。

该细目表对培训项目名称、参训学员名额、单位、承担培训的高校等进行了具体布局，不过"幼儿园骨干教师短期集中培训项目"这一项目，教育局派出 7 名教育督导组的教师参训，"幼儿园转岗培训项目"中也派出了 16 名教育督导组教师参训。这样非常宝贵、稀缺的资源，是否优先考虑用于培训第一线的教师呢？学用分离在一定程度上是否是资源的"隐形浪费"？

面临县域内学前教育资源短缺，尤其是优质学前教育资源严重短缺、难以满足更多幼儿入园的基本需求的这种现实，如何利用当前国家发展学前教育相关政策，加快我们学前教育发展步伐？

（二）学前教育整体发展规划

县财政局、教育局于 2015 年 2 月 27 日发布《关于学前教育有关情况的报告》（P 财教〔2015〕8 号），报告指出：我县将民办幼儿园纳入学前教育整体发展规划，"十二五"末我县规划民办幼儿园 51 所，在园幼儿约 6 000 人，约占全县在园幼儿总数的 40%。重点发展规范性的小区幼儿园和村级幼儿园，促进学前教育资源合理布局，改善各级各类幼儿园办园条件，基本形成政府主导、社会参与，以公办幼儿园为示范、公民办相结合的学前教育发展格局，为适龄幼儿提供普惠性学前教育服务。

从 2011 年起，每年安排 100 万元用于支持民办教育发展，由财政部门负责管理，教育行政部门报财政部门批准后使用。积极鼓励有合法资质、良好信誉的社会团体、企业和公民举办幼儿园，对民办幼儿园建设用地，按照有关规定给予优惠政策。

2014 年我县共有普惠性民办幼儿园 51 所，在园幼儿 6 765 人。2014 年对提供普惠性服务的民办幼儿园，按幼儿园不同规模给予补助，用于民办幼儿园改善园舍条件、支付园舍租金、购置设备设施、弥补公用经费不足等，投入资金 300 万元，其中省奖补资金 200 万元，县财政资金 100 万元。

可见，P 县目前学前教育资源短缺，必须整合县域内学前教育资源，将县域内民办学前教育资源纳入本县整体学前教育发展规划，以不断满足政策客体的现实利益诉求。

县教育体育局、财政局于 2018 年 1 月 18 日联合出台的《关于印发〈P 县第三期学前教育行动计划（2017—2020 年〉的通知)（P 教发 P 教函〔2018〕10 号），首先提出了总体目标：

到 2020 年，新建 8 所公办幼儿园。到 2020 年，全县幼儿在园人数达到 18 681 人，学前三年毛入园率达到 90%。

其次具体、明确地阐述了年度目标：

2017 年：计划投资 7 926 万元，新建公办幼儿园 5 所，三年毛入园率达到 85%。

2018 年：计划投资 1 769 万元，新建公办幼儿园 1 所，三年毛入园率达到 86%。

2019 年：计划投资 1 769 万元，新建公办幼儿园 1 所，三年毛入园率达到 88%。

2020 年：计划投资 1 310 万元，新建公办幼儿园 1 所，三年毛入园率达到 90%。

最后提出具体举措：大力发展普惠性幼儿园，加快农村幼儿园建设，积极鼓励社会力量办园和捐资助园，规范城镇小区配套幼儿园建设及管理。

可见，该文件既有远期目标，也有近期目标，一年一个台阶，最后提出具体举措，关键是如何落实，绝不能将规划停留在纸上。

要对县域内学前教育资源进行统一规划，合理配置，首先应对公共学前教育资源进行统筹规划，大力发展公办幼儿园，以凸显其学前教育的公益性。

（三）公办幼儿园发展的困惑

1. 有限资源分配不合理，致使修建的公立幼儿园难以达到国家标准

教育局教育股股长 YXH：

由于资金总量有限，政府规划部门好像采用"撒胡椒面"的资金分配方式，力求面面俱到，致使在建的各乡镇小学附属幼儿园均达不到国家标准。一些乡镇小学附属幼儿园因资金受限，按照小学设计方式修建，呈现出小学

化、零散化的特点，外形酷似火柴盒一样。幼儿园自有其特有的建筑风格和内在要求，必须要有活动室、休息室、洗手间，否则保育质量难以保证。我个人认为：既然资金总量有限，那么可考虑集中多个项目，一起来建一所规范的幼儿园。政府投入两个亿，若仍不出一个规范幼儿园，可能资金分配存在一些问题。

WJ镇小学附属幼儿园园长CCH：

我们P县九个大乡镇小学附属公办幼儿园9所，但都没按国家标准来修，如幼儿园要有厕所、休息室，而我们按小学标准来修，一个班有40多个人。总之，整个P县公办幼儿园好像都是按小学标准来建的。

可见，面对有限的资金额度，是集中分配还是分散配置？是追求个体效益还是整体效益？这都考验了地方政府的智慧和调控能力。

2. 公办幼儿园收费较低，运转艰难

教育局教育股老师QXR：

公办幼儿园收费低。一般公办幼儿园收费500元，基本上运转都很困难，现在才调整为750元。

TF镇小学教导主任兼附属幼儿园园长QXH：

我们是小学附属幼儿园，5个班：一个小班，两个中班，两个大班。小班教师1名，中班教师2名，大班教师2名。小班幼儿36人，中班幼儿68人，大班幼儿78人。学前班2个，且生源很好。一共11名教师，其中2位是转岗教师，9位代课教师。这两位转岗教师都是我们学校年龄较大、即将退出小学讲台的女老师。这9位代课教师曾经是农村幼儿教师。2000年，国家清退代课教师，她们一起退出了教师队伍。她们身上具有很多闪光点：工作细心、耐心，能吃苦，都已做了母亲，具备一定的保育经验。不过她们的辛勤付出也许与其劳动报酬不成正比，每月仅1 500元。9位代课教师一月工资总计13 500元，一年共计162 000元，幼儿园收取的费用也许主要用于人工支出。

可见，公立幼儿园费用收取较低，校内运转较为艰难。

职能部门对县域内公共学前教育资源进行合理规划、配置，同时加强对民办学前教育资源进行规划，实行分类管理。

（四）民办幼儿园发展的困惑

1. 普惠性民办幼儿园艰难的遴选过程

教育局职教成教股股长YK：

S省教育厅、S省财政厅、S省发展和改革委员会于2015年10月8日联合下发《关于普惠性民办幼儿园认定工作的指导意见》（C教〔2015〕79号），该文件诸多地方表述模糊，如"收费合理，保教费收费根据办园成本参考本区域内同类公办幼儿园收费标准执行"。"收费合理""办园成本""本区域内""同类"存在歧义，不同政策主体对此会有不同的解读，均是基于利己的动机，这些表述模糊的政策文本给基层政策实施者带来了政策文本开发和政策实践创新的机会，不过也存在诸多困惑。

国家对普惠性民办幼儿园的认定只出台了一个指导性意见，一个政策框架，这意味着地方政府必须发挥各地方智慧和政策开发能力。我们教育局职教成教股作为管理全县民办学前教育的专业机构，股室全体工作人员都是从原中小学教师岗位先后走上这一岗位的，过去的专业知识、工作经历与现在岗位所需的专业素养相差甚远。要应对职业转换，必须构建终身学习理念。我们充分利用一切机会加强专业学习，但因自己相关理论基础薄弱，专业知识十分缺乏，短时期内毕竟我们对国家相关政策的研究不够，对国家相关的政策领悟能力欠缺，这致使我们制定的一些地方政策文本理论水平不高，如对"普惠性民办幼儿园"这一概念无法准确界定，这也会影响后续的对"普惠性民办幼儿园"的精准识别。

全县民办幼儿园62所，办学条件基本达标的民办幼儿园最多占总数的三分之一，即20多所民办幼儿园基本达标，还有40多所民办幼儿园办学条件暂时不达标。

这40多所民办幼儿园多来自一些乡镇，收费不高，即每期每生400～500元，基本属于微利经营或无利经营范畴，这些民办幼儿园占县内民办幼儿园总数的三分之二。这些民办幼儿园是否纳入普惠队伍也是对地方政府政策水平的考验。一方面，如果降低了准入标准，将它们纳入普惠行列，一定程度上能给予它们自我发展、政策扶持的良机；同时，因其在发展中本身存在诸多问题，也给职能部门的后续管理带来一定难度。另一方面，如果不降低准入门槛，这一群体接纳了全县6 000多名幼儿入园，不及时予以政策支持，让这些无辜的幼儿较长时期接受低质量的教育教学服务，这会对其未来发展产生极其严重的影响。所以，我们职能部门反复研判它们提交的资料，尽量找到政策扶持的突破口，利用国家政策优势，予以精准帮扶，以督促其尽快改善办学条件，提升师资水平，以更好地供给普惠产品。

经过我们职能部门的再三请求，提交教育体育局党组集体研究，最后决定：我们先将这一庞大群体纳入普惠行列，并对其进行业务指导和一定的经济扶持，让其尽快自我发展。

2．日常监管的尴尬

CC镇教育督导组主任HSQ：

教师及其他从业人员聘用的管理在一定范围内存在真空环节。教育主管部门对民办幼儿园的内部管理无法正确、有效引导、监管，因而无法解决一些具体问题，如招聘老师、保安一律由民办幼儿园自己做主，国家没有一个统一、严格的准入标准。如本需招20名教师，但幼儿园只招18名教师。教师须具备相关资质，但一些民办幼儿园却招不到具有资质的幼儿教师。一些民办幼儿园正是在这种因"有序与无序"管理而导致的从业者鱼龙混杂、素质良莠不齐的生态环境中艰难地生存。

业务指导基本缺位。民办幼儿园几乎是自我管理、自我成长。我们管理民办幼儿园，"督"只能强调安全，"导"缺乏专业素养。很多时候是管而无力。如教育局出面督导，人力不足、经费紧张，不可能全县到处跑，这仍是体制问题。我们无法进行业务指导，多是行政管理。

权与责不匹配。教育体育局将各项任务层层分解，我们负责辖区内各项工作督导，但很多工作受限，无法有效实施。很多事说了人家也不听，如安排老师教研，年前安排六次，最终只有四次。关键的是民办幼儿园师资匮乏，教师集体参与教研活动必须放假，放假必须经教育局审批；部分教师参与，有些班级又无人上课，存在潜在风险。更重要的是，我们手中缺乏制约对方的权力，所以拳脚无法施展，有时感到很无奈。

教育局职教成教股股长YK：

教育教学质量监管缺失。我们原来2人，去年才从下面学校调了一位教师上来。3人面对全县庞大的民办学校群体，很多时候显得力不从心。我们人员紧张，更重要的是她们的专业知识严重缺乏，而我们又不是学前教育专业出身，即使组织一些专业培训，效果也不可能立竿见影。即使是学前教育专家来管理，实践中的问题也不可能完全弄懂，也不可能立即解决。所以，我们侧重于安全、卫生、总结、考评、培训管理，多属于行政管理范畴，质量监管存在管理真空。

民办幼儿园财务管理难度大。国家要求民办幼儿园建立财务制度，62所民办幼儿园都要规范建立台账。这存在很大难度：一是民办幼儿园缺乏财会专业人员，即使有，她们一般也不会主动去规范做账；二是身处职能部门的我们同样缺乏财会专业知识，无法指导，更不能有效监管。

民办幼儿园风险防范机制未建立。民办幼儿园队伍庞大，办学者办学动机各异，加之市场竞争残酷，一些民办幼儿园生存艰难，发展途中存在一些不可预期因素。为了规避市场风险，保护教师、幼儿的合法权益，保证民办幼儿园健康发展，应建立风险防范机制，实行风险防范制度，强制民办幼儿园缴纳风险基金，这在一定程度上降低了社会风险发生率，以体现政府管理能力和管理水平。

一些民办教学点在教育生态环境中生存艰难。目前，县域内存在着大量散落于各乡镇、村落、社区的零星民办教学点。只要有需求，就会有市场。它们的特点：小、散、乱。如 TF 镇 BHL 村幼儿园只有一名老师和 12 名学生，每期每生保教费 500 元，一年 12 000 元。我叫她不教了，她说：邻居老奶奶劝她收，所以她一直在教，教了几十年，几十年的教育情怀不忍舍弃。像这样的村级幼儿园还有很多，它们达不到普惠性民办幼儿园的要求，无法享受国家相关优惠政策。

民办幼儿教师普遍待遇低，流动性大。国家未出台民办幼儿教师工资标准，直接交给市场管理。一些民办幼儿教师本身素质不高，但对园方要求挺高。举办者一般是基于成本与利润反复考量，所以确定的工资标准都不高。更重要的是，一般民办幼儿教师没买社保，未来生活缺乏基本保障，所以这一庞大群体几乎处于随时流动状态，没有一个稳定的"家"。国家也没有相应的退出机制，完全由市场操作。我们无法、无力对此进行有效管理。

MY 镇教育督导组主任 LZS：

民办幼儿教师聘用在一定区域内存在管理盲区。因国家没有出台民办幼儿教师准入标准，民办幼儿园面向社会公开招聘教师属于自身管理范畴。受民办幼儿园办学者办学动机、成长经历、专业背景、社会资源等因素影响，其对幼儿教师的遴选会有各自的准入标准。不过从我们所检查的情况来看，民办幼儿教师的年龄、文化结构、专业水平、从业资质远远达不到国家要求，甚至极个别教师纯粹是农村返乡的抚养小孩的全职妈妈，既无从业资质，又无专业水准，更无相关工作经历，唯有一些保育常识。这种"三无"教师，特别是在一些偏远的农村民办教学点，还有较大的生存空间。我们作为职能部门，对其管理难度大，表现为她们经常采取"游击战术"，管理者一去，她们就伪装成家长，美其名曰：观摩教学，辅助自己小孩；管理者一离开，就很正式走上讲台装模作样地指导小孩如何学习、生活。这些低质量的民办教学点或民办幼儿园，按国家相关规定，属于关闭对象，但一旦关闭这些低质量的民办教学点或民办幼儿园，很多幼儿将无处入学，又存在"入园难"问题；不关闭它们，始终会给当地职能部门的管理带来隐患。这也是一个很艰难的选择。

管理者专业知识严重缺乏，专业管理基本缺位。管理者自身专业知识、成长经历均与学前教育管理专业能力相关度不高。尽管偶尔外出参加专业培训，但自身年龄偏大，内生动力不足，理论储备不够，切身经历缺乏，短暂的专业进修对自己专业成长助推作用不大。

我们的业务管理停留于初创阶段，即我们检查到凡是黑板上有汉字、拼音的，一律视为"小学化"教学，我们根据这些外显特征非常明显的工作"留痕"来判断其办学方向，并提出幼儿园应以活动、游戏为主。至于如何开展活动、如何组织游戏，目前校内或园内存在哪些活动、哪些游戏，我们一概不知。作为管理者的我们都欠缺专业知识，哪能去指导他人呢？所以，我们无法进行专业指导，专业能力很低。

以上管理者道出了管理的苦恼，因基层管理者自身素质、现有条件等因素的影响，他们管理民办幼儿园多侧重于行政管理，这仅仅局限于亲历者的陈述，那么这种现象的存在，是否有政策依据呢？

P县教育体育局于2017年4月27日发布《关于全县民办学校2016年度审核情况的通报》（P 教函〔2017〕131号），该文件对年度审核的方式、时间明确为：第一阶段从3月17日起，在督导组初审基础上各校开展了自查自纠工作。第二阶段从2017年4月10日开始，县教育体育局组织分管民办教育、学前教育、安全工作相关人员对全县民办学校进行复审。

对审查存在的问题予以曝光：

投入不足，办学条件不达标。2016年度，全县乡镇"门面房"幼儿园减少了2所，1所家用套房幼儿园新迁了校址。但全县民办学校大多数没有稳定的投入机制，普遍存在投入不足的问题。

师资合格率不高，配备达标率偏低。按最低标准每20名幼儿配一名教师，全县需幼儿教师435人，按40名幼儿配一名保育员，全县需保育员217人。本次年审结果为：全县民办幼儿园有专任教师416人，占配备标准的95.6%；保育员94人，仅占配备标准的43.3%；持有教师资格证的专任教师295人，占总数的70.9%。全县足额配置了合格师资的学校有7所，其中6所为民办幼儿园。师资配备较好的有9所民办幼儿园。

教学常规管理有待加强。一些学校校园环境差、条件简陋、管理不到位；部分幼儿园存在教学计划、一日常规、备课、听课不规范，教育活动安排不合理，管理资料胡乱填写，收集资料不规范，档案不健全等问题。

部分学校不同程度存在着安全隐患，特别是部分"门面房"幼儿园，防护设施差，易诱发安全事故。个别学校在聘用教师、职工时未按《劳动法》相关要求签订规范的聘用合同。

个别学校还存在随意迁址、设立分校（分园）等严重违规行为。大多数学校未按要求建立财务会计制度。

《P县民办学校 2016 年度的审核情况汇总表》显示：全县经教育行政部门审批的民办学校和教育培训机构 79 所，其中中等职业学校 2 所，小学 1 所，九年一贯制学校 2 所，幼儿园 60 所，教育培训机构 14 所。

审核结果分为：优秀、合格、限期整改、停止办学。其中获得"优秀"的有 18 所学校，其中民办幼儿园 17 所。评为"合格"的有 55 所学校，其中民办幼儿园 42 所。"停止办学"的学校 2 所，其中 1 所民办幼儿园。限期整改的有 1 所民办幼儿园。

可见，P 县对民办教育学校及培训机构的年审，多侧重于外在办学硬件和日常安全，质量监管涉及很少，最后对存在的问题予以曝光。

从上述可知，管理的尴尬源于多种原因：一是法律、政策的真空，管理者无法有效管理；二是管理者专业素养缺乏，无法实施专业管理；三是条件不够成熟，某些管理环节无法细化，无法有针对性地开展管理。

（五）非理性的教育理念影响了正确的办学方向

1. 一些家长功利思想严重，追求 "小学化"教学

SF 镇小学附属幼儿园园长 LJC：

一些家长深受应试教育思想的影响，认为"分数才是硬道理"。现在很多地方选拔各类人才都是以分数作为一条重要的或唯一的标准，作为入职、晋级、入学等的一条硬性或唯一的标准。在 20 世纪六七十年代，那时入选主要考虑家庭背景、个人政治表现、家长的社会关系等，各地高校采取以文化考试为辅、个人表现考察为主的选拔方式，选拔程序为：个人申请、单位推荐、领导同意、学校录取，这里最关键的环节是"单位推荐、领导同意"，后来国家意识到这一问题的严重性：选拔的学员大多文化素质低，多是有一定社会背景的，这严重违背了教育公平原则，也降低了教育教学质量，在一定程度上偏离了国家正确选拔人才的轨道，既浪费了国家的宝贵资源，又没培养出一批合格的专业人才，对国家、对社会都是一个巨大的损失。后来，国家一律实行以考试为主的原则，分数面前人人平等，从某些方面来说，这体现了社会公平正义，引导人们发愤读书，以分数决定自己的命运。

在这种现实背景下，一些家长，尤其是一些年长的家长，自己因多种缘由未能上大学，也未能将下一代培养成才，丧失了两代人上大学的最佳机遇期，便希望将两代人未遂心愿在第三代身上实现，所以一心追求"知识化"教学。他们在与老师交流时，要求老师一定要布置作业，不布置作业就被误解为带孩子玩；他们认为老师要教一部分知识，而且教得越多越好，经常教写字、数数才好。

但我们懂得教育教学规律，知道党和国家的教育政策，必须严格执行。我们绝对不能违背上级要求，但又不能完全漠视家长意愿，我们也要生存，需要生源，幼儿园是小学的生源地，所以很多时候感到很为难！这是我们今天面临的两难选择。有时只能违心地迎合部分家长的需求，传授一些知识性的东西。

TF镇小学教导主任兼附属幼儿园园长QXH：

因社会选拔制度、评价制度未做出根本性变革，如入学资格、入职资质、从业资质、晋级资质、工作流动的资质，职业转换的资质等。这些很大程度上是依据考生的笔试成绩，以考试分数来决定的。一些家长深陷其中，希望下一代尽快地、尽量多地学习一些书本知识，以应对残酷的市场竞争，为自己未来的"饭碗"拼搏。

这种功利思想体现在幼儿教育中就是明显的幼儿阶段的"知识化"教学，这种教学方式明显违背了教育教学规律，严重摧残了幼儿身心健康，影响其后续发展，这对国家、社会将产生巨大的负面影响。

2. 一些民办幼儿园的逐利动机助推了"小学化"教学市场

P县教育体育局于2018年3月21日发布了《关于清理整顿民办幼儿园违规举办特长班兴趣班有关工作的通知》(P教发〔2018〕26号)，它对清理整顿民办幼儿园违规举办特长班兴趣班有关工作进行部署。这表明出台政策的动机在于端正一些民办幼儿园的办学方向，这些民办幼儿园以"特色服务、方便家长、服务幼儿"为借口，拓展服务，收取一定费用，以补贴教师收入，稳定教师队伍。

CC镇教育督导组主任HSQ：

一些民办幼儿园以"特色教育、服务家长"为借口，采用延时拓展服务，适度收取费用，以补贴教师收入，稳定教师队伍。不过园方本身存在一些问题，如办学硬件不够，师资水平不高，课内传授内容故意作为延时拓展内容，且延时服务一般有时间限度等。鉴于此，职能部门针对延时拓展服务，一律予以禁止。原因在于：一些幼儿园以营利为目的，课内教授内容故意延时传授，以此收费，违背了办园初衷。

可见，部分家长的功利思想助推了"小学化"教学市场；"兴趣班、特长班"的诞生正迎合了这些家长的内在需求，进一步拓展了"小学化"教学市场。课外大量涌现的"兴趣班、特长班"，违背了民办幼儿园的办学初衷，偏离了办学方向。本该课内传授的内容却被生硬分割，故意延时传授；加之一些家长攀比心理严重，盲目选择"兴趣班"或"特长班"，这在一定程度上加重了其经济负担，挤压了生活费用，影响了生活质量。这样，二者相互作用、产生不良影响。

二、历史和现实因素作用下的学前教育现状

（一）历史因素

1. "教育市场化"

1992年我国开始实行社会主义市场经济体制。计划经济时代，一切资源实行定点配置、定量供给，资源市场份额较少。作为市场主体的企业，尤其是国有企业，在企业家族中单一集中度较高，因各地乡镇企业不发达，私营企业、外资企业几乎没有，国有企业几乎是垄断企业，一切由政府规划，自己仅仅是执行者，市场主体性体现不足，缺乏内生动力。实行市场经济体制后，很多国有企业瞬间成为市场的主人，它们必须努力找市场才能生存。加之这些企业原有生产设备、经营模式相当陈旧，消费者需求结构、内容变更，导致这些企业产能严重过剩；改革开放后，一些乡镇企业、私营企业和外资企业异军突起，它们采集市场信息方便，适应市场方式灵活，产品尽量适销对路，这样，原来"养尊处优"的国有企业必须转型升级，迅速剥离社会功能，恢复其本体功能，于是原来寄生于原单位的学校、医院一律实行"关、转、改"，转向"产业链和价值链高端发展"①。

一些事业单位减员增效，减轻财政压力。此刻，P县在20世纪90年代后期将全县62个乡镇小学附属幼儿园全部推向市场，即"教育市场化"，其旨在增加非财政性的教育投入，强化教育与民营经济的联姻，②进而凸显民办教育在教育市场中的角色和市场份额。这样，P县学前教育在一定程度上造成整体性转制，学前教育的持续发展、良性发展就缺乏应有的基础，所以造成至今只有两所独立建制的公立示范幼儿园，乡镇小学附属幼儿园发展面临专业人才断层、设备重新购置、场地重新规划这种被动局面。

P县"幼儿教育市场化"最终造成县域内公共学前教育资源严重短缺，尤其是公共学前教育资源结构性供给能力不足，其外在表征为优质公办幼儿园只有两所。公共学前教育资源结构性供给能力不足的源头在政府的"教育市场化"削弱了学前教育的发展根基；同时，政府较长时期对县城CC幼儿

① 赫连志巍，等. 企业转型导向的政策资源评价研究——基于中小企业板块的实证分析[J]. 数学的实践与认识，2019（6）：52.
② 王海英. 常识的颠覆——学前教育市场化改革的社会学研究[M]. 桂林：广西师范大学出版社，2010：2.

园、GJ 幼儿园进行过度资源配置或错位配置，如 P 县教育体育局于 2018 年 6 月 19 日出台《关于参加 2018 年中小学、幼儿园专家型校（园）长研修班培训的通知》（P 教函〔2018〕175 号），明确培训对象为专家型校（园）长；培训地点为 XN 大学；参训人员年龄原则上不超过 50 岁，优秀的放宽到 52 岁，以体现培训的实用价值；CC 幼儿园名额为 1 人。

众所周知，专家既有显性的，也有隐性的，县职能部门一旦有一个指标，就直接安排 CC 幼儿园园长或副园长参加。这是否属于资源错配？

如 P 县财政局、教育体育局于 2016 年 9 月 27 日联合下发《关于下达 2016 年城市和民办幼儿园省级奖补资金的通知》（P 财教〔2016〕35 号），该文件附件 1：《P 县 2016 年城市和民办幼儿园省级奖补资金分配表》显示：参与此次省级奖补资金分配的幼儿园 20 所，其中公办幼儿园 2 所，普惠性民办幼儿园 18 所。

省级奖补资金分为 2015 年考核奖金、补助金，其中获得 2015 年考核奖金最高额度的是 CC 镇 CC 幼儿园、CC 镇 JG 幼儿园，均是 20 000 元（这两所幼儿园是本县仅有的省级示范公立幼儿园）。有 11 所民办幼儿园获得考核奖金 10 000 元，它们分别是 CC 镇 JBB 幼儿园、CC 镇城南新区 XBS 幼儿园、CC 镇 XHJXQD 幼儿园、CC 镇 DZR 艺术幼儿园、CC 镇城南 BJL 幼儿园、CC 镇 SHJ 幼儿园、JX 镇 CL 幼儿园、RL 镇 RS 幼儿园、HN 乡 TX 幼儿园、CL 镇 LJL 幼儿园、WJ 镇 LT 双语艺术幼儿园，金额合计 150 000 元。

还有 7 所幼儿园没享受到 2015 年考核奖金，它们分别是 CC 镇 HSJLT 双语艺术幼儿园、CC 镇上游工业园 LY 幼儿园、CC 镇城南 JGGZN 幼儿园、SF 镇 XXX 幼儿园、GP 镇 XL 幼儿园、PN 镇 JBB 幼儿园、HJ 镇 CX 幼儿园。文件及其附件没解释缘由。

20 所幼儿园获得了补助金，其中资金额度最高的是 CC 镇 JG 幼儿园（87 600 元），额度最低的是 CL 镇 LJL 幼儿园（7 280 元），总共 450 000 元。

这里的奖补资金配置是否属于过度资源配置？偏僻的乡镇小学附属幼儿园亟待资金扶持，它们才是真正需要社会关爱的对象，这些附属幼儿园没有专业师资，没有硬件设备，基本没有活动场所，应该得到更多社会的关爱、扶持。

职能部门资源分配者基于利己的动机和利益偏好，将有限资源主要集中配置给这两所优质公立幼儿园，这样造成资源过度配置、未来社会阶层可能逐渐固化，而相对忽视各乡镇小学附属幼儿园的发展。越是政府对其资源过度配置，越诱惑人们不断追求享受优质学前教育资源，而真正享受这两所优质幼儿园提供教育服务的多是家庭社会地位较高的幼儿。那么，公共学前教育资源结构性供给能力不足的后果是多数人感到入园难，尤其是一些困难家庭感到入这类园难度很大。

2. 制度化的学前教育财政投入体制机制缺失

我国学前教育投入体制机制尚待完善，尽管在"三年行动计划"推进中，各级政府都承担了各自的财政责任，但未具体明确各自责任边界，也未形成一种明确的制度并予以细化。中华人民共和国成立后，学前教育投入体制本质上仍是供给方财政投入，即公办幼儿园的硬件设施设备、生均事业经费和生均公用经费一律由财政拨付。尽管这种长期盛行的供给方财政投入机制激活了低收入者潜在的购买欲望，但至今并未增强他们对优质学前教育产品的购买力，这样可能会造成学前教育结构性质量提升与县域内较大范围幼儿发展水平差距扩大之间的矛盾，县域内学前教育非均衡发展问题愈加凸显。

（二）现实因素

1. 财力与公共服务能力不匹配

P县是革命老区、国家级贫困县、人口大县、农业大县。"农业比重较高，工业和第三产业基础相对薄弱，三次产业结构偏低，产业自我积累、自我发展的能力不强，财政保障能力有限。"[①] 教育、医疗、社会保障、公共安全等基本公共服务能力不强且供给不均衡，如期脱贫任务艰巨。加之我国 2011年人均 GDP 总量超过了日本，成为世界第二大经济国，随即我国进入社会矛盾凸显期。又因我国社会风险化解机制不够健全，地方政府就成为各类社会矛盾叠加错杂的聚集地，这致使 P 县政府公共服务能力与自身财力不匹配之间的矛盾更加凸显。

2. 县级政府绩效考核机制的价值追求更加弱化了县级政府公共服务能力

上级政府或相关部门存在"唯 GDP"的考核惯性思维，这就意味着 P 县一旦完成考核目标，不仅可以得到上级或有关部门的青睐，更重要的是可以拓展个人晋升的空间，可以获得与此相关的个人利益，因考核绩效本质上就是追求利益。这一考核方案的导向作用，就可能直接引导 P 县忽视公共服务、

---

① P 县人民政府. P 县国民经济和社会发展第十三个五年规划纲要（2016—2020 年）：9.

生态环境、社会安全等基本公共需求，这种考核方案的价值追求，直接弱化了P县政府的公共服务能力或导致P县政府的公共服务能力缺失。

3. 学用分离也许造成资源"浪费"

学用分离存在资源"隐形浪费"。成人教育具备"促进个人和社会共同发展的双重目的"[①]，学用必须有机结合。学用有机结合是促进学习者快速成长、检验理论真理性的最佳途径。如学用分离，势必导致学习者专业成长慢，也在一定程度上浪费了学习资源。因一些小学附属幼儿园一直没独立出来，一律由小学统一管理，其管理者都是由校长或副校长兼任。因这些校长或副校长都不是学前教育专业出身，国家须对其进行专业培训，以提高其专业水平和管理能力。尽管国家利用非常宝贵的培训资源对其进行相应的专业培训，不过一些校长或副校长基于精力的科学分配、利益偏好的考虑，他们的管理重心自然偏移小学，因此在一定程度上存在资源"隐形浪费"。

4. 家长的选择加剧了财力与公共服务能力不匹配之间的矛盾

经济发展助推城市增容，不过县城优质学前教育资源分布极不均衡。老城只有两所民办幼儿园，无公办幼儿园，幼儿只能就读于当地的民办幼儿园。旧城与新城相比，人口总量接近，但旧城的家长千方百计把小孩送到公办幼儿园，而不愿送去民办幼儿园，原因在于民办幼儿园收费最低是1860元，公办幼儿园收费1350元，价格、质量优势吸引家长做出理性选择。其深层缘由在于政府对县城两所公办幼儿园较长时期的高额投入，并严格制定收费标准，这样呈现出"质优价廉"的制度性信誉，也随之制造出"质优价廉"的稀缺的学前教育资源。因入园一般采取就近原则，即政府将户籍绑定受教育权利，这也是家长、政府面临的两难选择。越是设置入园限制，一些家长入园愿望越强烈。这样，一些家长的选择加剧了财力与公共服务能力不匹配之间的矛盾。

鉴于以上历史、现实因素造成了今天P县学前教育发展的困境，P县政府应大力争取上级政府或相关部门的一系列优惠政策，逐步用好这些优惠政策；同时，不断增强自身造血功能，主动承担起公共服务责任。笔者认为：要做好这方面工作，P县政府必须从历史、观念、制度三个层面来认识、剖析县域内学前教育领域的深层次问题。

---

① 朱伶俐，刘莹莉. 中小学教师培训质量保障体系的分析与构建——以北京大学"国培计划"项目为例[J]. 继续教育，2018（271）：13.

首先，P县政府必须解决公共财政在县域内学前教育领域的服务对象问题，①因过去单纯由政府决策财政投入机制，资金本身极度紧张，他们自有其投资重点、方向，这样公共财政就没起到合理配置资源的引领作用，反而加大了低收入家庭与高收入家庭幼儿发展水平之间的差距。所以，公共财政投资方向必须时刻跟踪困难家庭幼儿的入园目标。

其次，要明晰市场与政府的界限，让公民办幼儿园在教育生态环境中和谐共存共生共荣。

最后，正确引导民众对"优质价廉"的学前教育资源的追求，不断调整这种稀缺资源的结构，增加这种资源的增量；同时，尽量降低低收入家庭幼儿入园成本，逐步缩小低收入家庭与高收入家庭幼儿发展水平之间的差距。

第四节　教师培训政策运行的具体情景

普惠性民办幼儿园政策内容主要包括教师培训政策、奖补资金政策、资助政策。笔者首先对教师培训政策运行的实践样态进行全景式呈现。

教师培训政策包括国培计划、非国培计划。国培计划是国家对全国的中小学幼儿教师进行的一次大规模培训，它既体现了国家意志，又是提升教师专业水准的最佳路径。非国培计划是地方政府对本地域内教师培训的一项制度设计。无论是国培计划还是非国培计划，都是激励政策，旨在拓展教师专业发展空间，优化教师结构存量，让教师享有优先发展的良好机遇，"降低职业发展成本"②，扩大教师结构增量。

一项政策的运行具体情景如何，政策的执行者、消费者最清楚，倾听他们的故事，你也许会有意外收获。

一、县师培中心教师培训功能结构性缺失

（一）县教育局主管教育教学的副局长 LLY

县师培中心幼儿教师培训功能"弱"化，其根本原因在于我们是国家级贫困县、农业大县、革命老区、人口大县，财力受限。财力主要来源于中央

---

① 宋映泉. 我国学前教育事业发展主要矛盾与公共财政投入改革方向[J]. 教育经济评论，2019（3）：44.
② 余兴安，等. 引导人才向基层一线、艰苦地区和岗位流动激励政策研究[J]. 中国人力资源开发，2015（19）：81.

财政转移支付，本地财力根本无法支撑我们所有事业单位正常运转。再者，国家相应的扶持政策较少，我们职能部门主要将精力和财力放在义务教育上。

（二）县师培中心主任 TCM

我们仅仅是一所教师培训机构，或者说是一个具体的办事机构，至于培训对象的遴选、安排，我们无权过问，各类教师培训资源的分配权在教育体育局人事股手里。培训任务来了，我们组织培训；没有培训任务，我们就做好自己的事。我们也是按教育体育局的指示办，他们的管理侧重于义务教育阶段，我们就主要培训义务教育阶段的教师、干部，幼儿教师培训任务仅有一次。

（三）DS 镇 JSYL 幼儿园园长 TY

我曾经到 CQ 去培训，教师进修校几乎没有组织培训（"教师进修校"已改为"师培中心"——笔者注）。县内培训很少。

（四）CC 镇 XBS 幼儿园园长 CD

我参加的教育局组织的培训已有五次以上，第一次到 LZ，第二次到 CQ，第三次到 CD，上级安排与我们内在需求基本一致。2018 年参加得少一点，前两年参加得多一点，教师进修校几乎没有培训。

（五）CC 镇 JG 幼儿园副园长 WXL

县进修校主攻义务教育阶段，我们只有进行网络研修。

可见，县域内幼师培训几乎是在外单位完成的，如 P 县教育体育局于 2018 年 6 月 19 日制定了《关于参加 2018 年中小学、幼儿园骨干教师能力提升培训的通知》（P 教函〔2018〕174 号），该文件指出，培训地点：CN 大学。培训对象：全县幼儿园、中小学骨干教师（共计 93 人）。其中幼儿教师 16 人，具体分配名额：县城 CC 幼儿园 3 名、JG 幼儿园 3 名，WJ 小学、MF 小学、MY 小学、TF 小学、CL 小学、HJ 小学、DS 小学、SF 小学、PN 小学各 1 名。培训时间：2018 年 7 月—12 月（具体培训时间另行通知）。培训要求：本次参培教师必须属于教学一线。

由上可知，在"区县政府教育管理转型"[①]、学校办学自主化意识不断增强、师资培训市场竞争非常残酷的形势下，作为县级教师培训专业

---

① 林晓辉. 浙江省 J 市县级教师进修学校培训能力及其影响因素研究[D]. 金华：浙江师范大学，2018：摘要，1.

机构——县师资培训中心，其幼师培训专业能力缺乏、幼师培训专业功能"弱化"既有历史缘由，也有现实因素。其最根本原因：第一，财力受限，当地政府只能集中有限财力办大事；第二，2018 年修订的《中华人民共和国义务教育法》明确规定：各地必须认真组织实施，继续巩固义务教育成果，不断提升义务教育质量，将辍学率控制在最低水平，以保证适龄儿童完成九年义务教育，为其未来生存、发展奠定良好的基础。如未能完成义务教育阶段任务，控辍保学出现失误，致使义务教育阶段适龄儿童过早流入社会，要追究地方政府责任。第三，政策执行者必须在资源约束、政策对象众多的情况下，优化政策方案。加之，P 县不是"国培计划"项目县，没有相应的扶持政策，本身财力紧张，因此师培中心根本得不到或很少得到县级职能部门配置的县域内幼儿教师培训资源，幼儿教师培训都是按照上级安排组织去外地参培，这是其业务分化的外在表征，师培中心也没有对外争取幼师培训项目。

基于以上的政策制定动机、政策运行指向、价值导向，作为教师培训专业机构和事业单位的县师培中心只能服从安排，所以幼师培训专业能力短缺、幼师培训专业功能未充分凸显。

二、民办幼儿教师国培机会较少

1. RL 镇 RS 幼儿园园长 ZSN

我们幼儿园自 2015 年创办以来，只有一次参加国培的机会，且只有 3 位园长参加，其中就有我，因为我是县民办教育协会秘书长。

2. CC 镇 WD 幼儿园园长 HSX

2016 年创办至今，没收到一次教育局组织的教师培训邀请，教育局也没有做过统一的培训，教育主管部门也许对我们重视不够，民办教育群也没有收到任何有关教师、园长培训的信息，可能他们只针对公立幼儿园。

3. SF 镇 XXX 幼儿园园长 JDP

由于我们幼儿园不是普惠性民办幼儿园，所以参加国培的机会不多，以前去过一次，在 CD 大学；去年也去了一次，在 XN 大学。

4. PN 镇 CX 幼儿园园长 LP

我们不参加国培计划，都是自费参加一些商业机构的培训。

5. CC 镇教育督导组主任 HSQ

我三四年前安排了 2~3 名民办幼儿教师外出学习，后来这种安排就少了。

三四年前个别幼儿园不愿意送老师出去学习，我们也一般未安排民办幼儿教师外出学习。

通过上述信息可知：民办幼儿教师参与国家组织的培训的机会较少，其根本原因在于，国培计划主要针对公办幼儿教师，因师资培训资源稀缺，一些中西部偏远的农村公办幼儿园的幼儿专业教师极度缺乏，国家针对这一现实情况，果断采取了相应举措。如国务院办公厅于 2015 年 6 月 1 日发布的《关于印发〈乡村教师支持计划（2015—2020 年）〉的通知》（国办发〔2015〕43 号）指出，到 2020 年全面建成小康社会、基本实现教育现代化，薄弱环节和短板在乡村，在中西部老少边穷岛等边远贫困地区。发展乡村教育，帮助乡村孩子学习成才，阻止贫困现象代际传递，是功在当代、利在千秋的大事。发展乡村教育，教师是关键，必须把乡村教师队伍建设摆在优先发展的战略地位。但受城乡发展不平衡、交通地理条件不便、学校办学条件欠账多等因素影响，当前乡村教师队伍仍面临职业吸引力不强、补充渠道不畅、优质资源配置不足、结构不尽合理、整体素质不高等突出问题，制约了乡村教育持续健康发展。实施乡村教师支持计划，对于解决当前乡村教师队伍建设领域存在的突出问题，吸引优秀人才到乡村学校任教，稳定乡村教师队伍，带动和促进教师队伍整体水平提高，促进教育公平、推动城乡一体化建设，推动社会主义新农村建设，实现中华民族伟大复兴的中国梦，具有十分重要的意义。

到 2017 年，力争使乡村优质教师来源得到多渠道扩充，乡村教师资源配置得到改善，教育教学能力水平稳步提升，各方面合理待遇依法得到较好保障，职业吸引力明显增强，逐步形成"下得去、留得住、教得好"的局面。到 2020 年，努力造就一支素质优良、甘于奉献、扎根乡村的教师队伍，为基本实现教育现代化提供坚强有力的师资保障。

面临如此残酷的现实，资源分配者优先考虑满足体制内幼儿教师培训需求，且集中优质资源定向分配，定点配置，是国情所致，也是教师培训政策由最初的"普惠"转向现在的"特惠"的体现。加之一些地方政府因财力受限，无法有效组织实施，只能由中央政府来统一组织实施。不过普惠的大旗最终要由公办幼儿园来扛起，学前教育的公益性最终凸显须依靠公办幼儿园的大力发展、健康发展、快速发展。

资本的本质是逐利，民办幼儿园无论如何管理，最终都是追求个体利益最优化，当然不可否认也有一些民办幼儿园在做公益事业，它们这样做也许能更好地体现学前教育的公益性。总之，受多种因素影响，目前民办幼儿教师参与由国家组织的免费培训的机会暂时相对少一些。

三、公办幼儿教师国培机会多，存在隐性"浪费"现象

（一）网络研修亟待改进

1. 县师培中心主任 TCM

网络研修，无法互动，很多老师观念也没转变过来，认为培训就是坐下来专心听老师当面讲授，所以很多老师不欢迎这种形式。

2. CC 镇 JG 幼儿园教导主任 CXM

网络研修，我们不欢迎，实效性差。

3. DS 镇中学附属幼儿园园长 PY

网络研修，老师们都是签到或点名后就逐渐离开，班主任有事就走了。

4. CC 镇 CC 幼儿园副园长 THQ

网络研修，流于形式，看时间到了，点开就做其他事了。

5. MY 镇小学校长 HSG

网络研修，各个学校，一科一人，相当单调，上午一个专家讲，下午另一个专家讲，希望讲课时举例说明，这样更容易接受，一个人听没有氛围。

6. MF 小学校长 LY

网络研修有应付现象，至少 50% 老师不赞成，最好是跟岗培训。

7. WJ 小学附属幼儿园园长 CCH

网络研修纯粹是完成任务，先放 10 分钟，内容有用。不过由于工学矛盾，没有时间坐在那里听。

笔者在几个月田野考察中发现：网络研修这种学习方式尽管不太受人欢迎，但是目前仅限于该县所有公办幼儿教师。

（二）教师培训存在年龄歧视和身份歧视现象

1. CC 镇教育督导组主任 HSQ

很多学习机会无法落实下去，原因在于年龄限制。很多学校多年都未新进老师，教师平均年龄 48 岁，45 岁以下的只有 3 人左右。上面划分名额，学校又派不出人，还要完成任务，往往下面学校有"抵触"情绪，我们很多时候感到头疼，好多时候无法派或少派人。这就是典型的"浪费"资源。

2. 县师培中心主任 TCM

很多幼儿教师是非学前教育专业毕业的，但评职称须具备学前教育专业知识，按照要求她们必须参加专业培训。上级职能部门强行把指标分下来，但又有年龄限制，好像每年都是那几个老师。参加学习的老师也很反感："又派我们去？"校长说："不派年轻人，难道派老年人去？"

3. CC 镇 CC 幼儿园园长 DL

老教师因年龄原因，内生动力不足，且外派教师出去学习有年龄限制，也不能安排她们。我们 5 年多未进新教师，年轻教师都结婚了，你安排人家学习，人家家里有事，安排了人家也不愿去。我们还请了 8 个代课教师，代课教师绝对不能外派学习，因她们还不是体制内的教师，选派出去学习的必须是体制内的教师。

4. MY 镇小学主管教育教学的副校长 LTM

教师外出学习有年龄限制，派出去学习的经常都是那几个人，老教师没有机会。

笔者随机查阅了相关文件：S 省教育厅于 2013 年 5 月 31 日发布了《关于做好"国培计划（2013）"置换脱产研修和远程培训项目工作的通知》（C 教函〔2013〕353 号），该文件指出："置换脱产研修项目的教师选拔条件及要求：原则上不超过 45 岁的有发展潜力的中青年骨干教师"。

P 县教育体育局于 2018 年 6 月 19 日出台了《关于参加 2018 年中小学、幼儿园专家型校（园）长研修班培训的通知》（P 教函〔2018〕175 号），该文件明确规定："原则上不得超过 50 岁，如特别优秀者可适当放宽到 52 岁。"这说明政策制定者也要考虑培训所产生的效益，且年龄较大，学习能力自然会受到一定程度的影响。

（三）时间设计欠科学，造成隐形"浪费"

1. CC 镇 CC 幼儿园园长 DL

老教师不能去，代课教师更不能外出学习。年轻教师都已成家，都有家庭、小孩，且培训时间多在周末，时间安排得紧，内容压得紧，平时我们都很辛苦，一般周末一家人都要团聚一下，适度放松放松。你去安排人家学习，人家家里有事，安排了人家也不愿去。即使派年轻教师去，回来也是"课程复制"。

2. CC 镇教育督导组主任 HSQ

一些公办幼儿园的教师只要外出学习占用休息时间她就不高兴，而一些民办幼儿园的教师对于学习时间安排没有要求，而且很珍惜。

通过上述信息可知，公办幼儿教师培训机会多，不过宝贵的培训资源使用效率不高。主要表现及其缘由在于：

第一，网络研修存在自身缺陷。如 S 省教育厅于 2017 年 3 月 23 日出台的《关于做好 2016 年"国培计划"——中西部项目和幼师国培项目实施工作的通知》（C 教函〔2017〕136 号）附件 1 显示：中西部项目和幼师教师网络研修项目（3 个子项目），即教师网络研修——信息技术应用能力提升培训，教师网络研修——网络研修与校本研修整合培训，教师网络研修——教师工作坊研修。其中教师网络研修——信息技术应用能力提升培训项目的培训对象条件：项目县域内未参加中小学教师信息技术应用能力提升专项培训的全体中小学（幼儿园）教师。参训教师不足的，可由市（州）统筹扩大至非项目县未参训的教师。培训目标：提升中小学（幼儿园）教师信息技术应用能力水平。培训内容及形式：《中小学教师信息技术应用能力提升标准》及《中小学教师信息技术应用能力课程标准》规定内容，参训教师基于前测自主选学。可见该文件将网络研修作为一种重要的培训手段。

网络研修是一种利用互联网对教育资源优化处理的教育教学手段，旨在突破传统教育的瓶颈，让数量非常有限的授课教师发挥最大信息接收效益，进而扩大受教育对象，尤其是拓展偏远地区教师享受优质教育资源的机会，是促进教育均衡发展的重要手段。它方便学习主体随时学习，利于提升教育资源的使用效益，进而大面积节约教育资源生产成本。不过也许政策制定者、政策实施者在训前对政策客体的内在需求深入调研不够，立足于自我主观判断。他们对其利弊剖析不足，也许早期探索经验不足，尤其是网络研修的最大弊端在于"时空分离"①，是一种单向的信息传输，师生之间缺乏互动，即传授者与接收信息者之间无法及时交流，以致学习者无法及时获得积极的情感支持，无法及时解决自己学习中的困惑。同时，它更缺乏通过人际互动产生一种情感。课堂教学不仅仅是学生的一种学习方式，更是以学习为载体、师生之间的一种情感互动。网络研修正是缺乏课堂教学这种优势。基于上述缘由，网络研修在师资培训中不太受学员的欢迎。

第二，师资培训存在年龄限制。教师培训鲜明地体现出成人教育的特征，

---

① 朱伶俐，刘莹莉. 中小学教师培训质量保障体系的分析与构建——以北京大学"国培计划"项目为例[J]. 继续教育，2018（271）：13.

理应按照成人教育的特点来组织实施。教师培训机构应具备一种终身教育理念，搭建教师终身学习的平台，满足教师终身学习的内在需求，创造一种"人人能学、处处可学、时时皆学"的社会学习环境。①

作为师资培训资源的分配者，即教师培训政策制定者及执行者，基于政策效益最大化的考量，对学员年龄进行相关限定，这是可以理解的。不过师资培训资源的分配者也许对基层学校教师结构、教师补充机制不太了解，而基层学校无权对其调整性处理，师资培训资源的分配者对培训对象不仅局限于年龄，还有身份识别，如老年教师存在年龄限制，代课教师存在身份限制。尤其是一些偏僻的乡镇小学附属幼儿园，连续几年没新面孔教师，教师构成中不是老教师就是代课教师，这些教师亟须参加各类业务培训，专业知识存量有限，亟须得到专业引领，可是他们都不具备外出深造的"资质"，最终造成宝贵的指标白白浪费。

第三，学习时间安排的科学性。师资培训时间安排科学与否是上下合作是否愉快的关键。作为师资培训资源的分配者，即教师培训政策制定者及执行者，也许立足于基层教师工作实际，充分利用周末或假期进行培训，这本来是一件利国利民的大好事。如 S 市教育局办公室于 2018 年 10 月 16 日出台的《关于 2018 年专家型校（园）长研修培训班第二阶段培训学习的通知》指出：参培人员：2018 年 XN 大学专家型校（园）长研修班人员（100 名）。培训时间：2018 年 10 月 20—21 日。这次培训的时间就安排在周末。

不过，作为师资培训资源的分配者，也许对基层教师的内在需求调研不够，能来参加学习的都是中青年幼儿教师，她们都具备年龄优势和身份光环。正是她们具有这些有利因素，也许她们内生动力反而不足。加之时间安排在周末或假期，很多公办幼儿教师始终觉得周末或假期是法定的休息时间。如果去学习，心理上始终难以接受，学习时很可能存在精力投入不足的现象。还有一些幼儿教师辛苦工作一周，本想周末时一家人好好放松放松，共享天伦之乐，一旦被安排外出学习，有的会直接拒绝，有的碍于情面，非常被动地参与培训，这会直接影响学习效果。基于上述种种原因，如培训时间安排缺乏科学性，在一定程度上会造成资源"隐形浪费"。

---

① 朱伶俐，刘莹莉. 中小学教师培训质量保障体系的分析与构建——以北京大学"国培计划"项目为例[J]. 继续教育，2018（271）：13.

四、民办幼儿师资培训多为单打独斗

（一）DS 镇 BST 幼儿园老师 CM

我们园教师培训一律由园长决定，施训者都是外面的一些商业培训机构，培训后有收获。

（二）TF 镇 BH 村幼儿园园长 ZQH

我们是一所村级幼儿园，服务区域就是附近农村，服务对象就是农村幼儿。我利用周末去外地一些商业培训机构参加培训，培训内容是自己选择的，像"幼儿园课程理论"等。

（三）CC 镇 JXGJC 幼儿园园长 LQ

我们园总部在 C 市，每年会送老师去 S 市学习，费用都由公司支付，都是商业性质机构。每个学期总部会请一个老师来现场进行为期两天的培训。这样培训成本相对要低一些。

（四）RL 镇 RS 幼儿园副园长 DAH

我们幼儿园是 QY 教育集团的加盟园，教师培训有线上钉钉培训，线下 C 市名园园长集中面授，各园骨干教师全在 C 市集中培训。

师资培训是一种民办幼儿园健康成长的外部推动力量。不过从上述亲历者讲述中得知：今天民办幼儿教师培训处于一种自发状态，呈现出单打独斗、成本高的特点。其根本原因在于各个民办幼儿园办学特色不同，教育理念相异，尤其是办学者价值追求各异，进而导致各自教师培训内容、方式、风格等各异，以更好地体现出各自办学特色和教育理念。再者，民办幼儿园之间信息交流渠道不畅，共享信息不多，信息共享意识不强；交流主体基于交流的内在需求而选择交流对象，交流主体之间交流信息的真实度值得思考。因各办学者办学动机、投资额度、社会资源、自身素质、办学声誉等不同，这直接或间接影响到办学者各自的利益追求。所以在一定程度上存在信息采集渠道不畅、交流信息"失真"现象。另外，一些民办幼儿园办学者合作意识、团队意识缺乏，喜欢表现。

P 县 2015 年成立了一个民办教育协会，是一个松散的民间组织，因"官""民"属性界定不清，其与当地职能部门管理职能重叠或交叉，专业能力发展受限。[①] 又

---

① 李清刚. 民办教育协会：问题与改进[J]. 北京教育学院学报，2014（1）：61-62.

因缺乏相应的政策支持、稳定的经费支撑以及强有力的领导核心，在县域内民办幼儿园及民办教师维权、业务培训、政策解读、风险评估、行业自律等方面的作用弱化。即使组织内个别领导愿意出资出力为组织做一点贡献，一些组织成员基于自己的利益偏好也会质疑其行为动机。在这种不愿合作的思维影响下，民办幼儿园处于单打独斗的草创时期，无法形成品牌产品，更难以形成拳头产品，难以产生品牌效应。这就是典型的个体偏好差异导致组织行为成本和协调难度的增加。①

最后，教育体育局的桥梁作用发挥不足。其实，县教育体育局可以利用自己体制内的优势，建立一些信息交流平台，传播一些师资培训信息，这有利于民办幼儿园办学者自己选择。如 2019 年 4 月 10 日 P 县教育和体育局发布的《关于民办幼儿园骨干教师业务培训的通知》（P 教函〔2019〕103 号）指出：培训时间：2019 年 4 月 26—27 日。培训地点：XN 大学圆顶报告厅。参培人员：各民办幼儿园选派 1～3 名骨干教师。培训日程安排：27 日上午 8:30—10:30，讲座：《幼儿游戏的观察策略》。10:30—11:50，观察：《流浪狗之歌》《测量》。11:50—12:30，点评：教学反思、现场教研、专家点评。27 日下午 14:00—16:00，观察：《黄河泥塑》《非洲欢迎舞》《好长好长的名字》。16:00—17:00，点评：教学反思、现场教研、专家点评。不过这样的机会太少，所以它这方面的作用未充分凸显。基于上述缘由，民办幼儿教师培训多处于自我管理、自我发展的初创阶段。

五、急盼送教下乡

（一）县师培中心主任 TCM

我们现在可以尝试的是请专家进来，邀请方负责专家的吃、住、行，并支付给专家一定的报酬。

（二）CC 镇 BJL 幼儿园园长 YBW

请专家来，公民办幼儿教师一起听。我们对此也多次提过建议，不过有关部门没有回应。

---

① 陈潭. 治理的秩序——乡土中国的政治生态与实践逻辑[M]. 北京：人民出版社，2012：128.

（三）CC 镇 CC 幼儿园园长 DL

可以根据我们的实际请专家来，其实这种培训方式面广量大，成本就降低了，双方都受益。

（四）CC 镇 LT 幼儿园园长 HRX

请外面的教师来培训，结合实际，现实一点。

（五）WJ 小学附属幼儿园园长 CCH

希望县城老师来给我们上一堂课。到上面去听课，每一次最多 1～2 名教师，受益面小。

"送教下乡"是把"受训者"转变为"施训者"的一种教学模式，旨在拓展偏远地区幼儿教师的专业视野，更新教育理念，提升教育教学能力。从上述教师或园长的倾诉可知：P 县幼儿教师培训因县师培中心幼师培训功能严重"弱化"，县域内幼儿教师培训尤其是公办幼儿教师几乎是外出培训，民办幼儿教师几乎是自寻天地，自谋生存路径。外出参训自有其优势，也存在一定的弱点，所以这些教师或园长强烈要求当地职能部门整合培训资源，共享培训资源，降低培训成本，结束培训市场的混乱局面；同时，提高甄别培训市场的专业能力。"送教下乡"是资源整合，将有限资源配置到最需要的政策对象手上的举措。这也是民办幼儿园之间、公民办幼儿园之间开始专业合作的外在表征，为其后来深度合作、团队意识及共享意识的培养、信息采集、信息共享，打造利益共同体、命运共同体奠定了坚实基础。

总之，目前存在的问题包括：县师培中心教师培训功能结构性失调；培训资源短缺。《乡村教师支持计划（2015—2020 年）》出台后，稀缺培训资源实行定点配置、集中使用，发挥其最大效益，幼师培训偏"公"思维明显；施训者训前调研深度不足，导致培训方式、内容、受训者培训资质与受训者的内在需求、客观实际脱节，在一定程度上造成宝贵资源的浪费；民办教育协会缺乏自身独立性和相应的财力支撑，县职能部门桥梁纽带作用发挥不够，致使民办幼儿园师资培训乱象丛生。因生存发展的内在需求，一些公民办幼儿园园长或业务主管部门负责人强烈呼吁当地政府迅速整合有限的培训资源，搭建信息共享平台，培育其共享意识、团队意识、合作意识，为他们业务深度合作、成为命运共同体创造条件。

第五节　奖补资金政策运行的现实情景

普惠性民办幼儿园政策是一组资助政策，更是一组激励政策。其激励结构分为免费培训教师或适度免费培训教师，旨在拓展教师专业发展后劲；幼儿资助，意在观照入园机会，引领精神成长；奖补办学者，这既是政府对民办幼儿园提供普惠产品的认可，更是政府为其搭建专业发展的平台。这三项激励举措是政府与民办幼儿园之间"最优交易契约关系"①的外在表征，也是政府将一些民办幼儿园有序纳入普惠行列、提供普惠服务的一种特惠性补偿。

作为委托人的各级政府相继出台了旨在促进普惠性民办幼儿园健康发展的一系列政策，在"参与约束、激励相容"②的前提下，作为代理人的一些民办幼儿园积极参与普惠服务。可能委托人与代理人之间价值追求不同，双方追求各自利益最大化，二者之间可能存在利益冲突。加之，政策本身不可能涵盖各地所有问题，政策运行中存在诸多不可预期因素，必须实行"激励性规制"③，加强政策运行全程监控，追求政策运行效益的帕累托最优。

任何政策运行中都可能存在信息不对称现象，奖补资金政策亦然。作为奖补资金政策制定者的各级政府可能不清楚政策运行中的具体情况，而基层职能部门工作人员、民办幼儿园举办者，他们具有先天的信息优势，掌握了政策运行中的大量信息，此刻倾听他们的"心语"，也许会有意外的收获。

一、奖补资金分配方式、分配依据、使用方向存在一些问题

（一）财政局教科文股股长 JM

奖补资金采用现金形式，主要用于民办幼儿园改扩建、购置教玩具等。

（二）教育体育局计财股股长 HJY

奖补政策于 2011 年开始执行，我们根据相关文件精神、学生人数、办园水平进行分配，采取报送制，即用相关发票来报销，以现金方式打在办学者卡上。这些奖补资金主要用于办公、设置购买、场地租赁等。

---

① 孟祥松. 环境成本内部化的政府激励政策研究[D]. 保定：河北大学，2016：34.
② 孟祥松. 环境成本内部化的政府激励政策研究[D]. 保定：河北大学，2016：35.
③ 孟祥松. 环境成本内部化的政府激励政策研究[D]. 保定：河北大学，2016：38.

（三）教育体育局职教幼教成教股股长 YK

奖补资金是按年审等级奖、学生人数平均分配。我们曾免费赠送教、玩具，现在都是现金补贴，以发票形式报销。有相关文件为证，如 P 县财政局、教育体育局于 2014 年 2 月 25 日联合下达的《关于下达 2013 年学前教育综合奖补类资金项目中央和省级资金的通知》（P 财教〔2014〕12 号）指出：本次奖补资金按以下三部分分配至幼儿园：等级奖，园舍租金、校舍维修改造、公用经费补助，集中设备采购，每期每生 124 元。而等级奖分为一级 20 000 元、二级 15 000 元、三级 5 000 元，并对资金使用方向、管理提出具体要求。该文件最后附件《P 县 2012 年学前教育综合奖补类项目中央和省级资金分配表》显示：

获得一等级奖的是 CC 镇 XHJXQD 幼儿园、PN 镇 HLTX 艺术幼儿园。

获得二等级奖的是 CC 镇 XBS 双语幼儿园、CC 镇 DZR 艺术幼儿园、DS 镇 BH 路幼儿园。

获得三等级奖的是 CC 镇 JBB 双语实验幼儿园、FA 花园幼儿园、SHJ 幼儿园、LY 幼儿园；DS 镇 CL 幼儿园；RL 镇 XX 幼儿园、HN 乡 TX 幼儿园、XGG 幼儿园、HTY 幼儿园；SF 镇 XXX 幼儿园；GP 镇 XX 幼儿园；PN 镇 XYY 幼儿园；QL 镇 ZHXL 幼儿园；HJ 镇 CX 幼儿园；CL 镇 LJL 幼儿园；MY 镇 GD 村幼儿园；MF 镇 XBS 幼儿园。

一等奖 2 所，二等奖 3 所，三等奖 17 所，奖金共 170 000 元。28 所没有等级奖，文件及其附件 1《P 县 2012 年学前教育综合奖补类项目中央和省级资金分配表》都未解释原因。不过该文件指出，PN 镇 XX 幼儿园、ST 幼儿园、HLTX 艺术幼儿园、QL 镇 PL 幼儿园因未按时报送幼儿资助信息，被扣减奖补资金各 1 000 元。

"园舍租金、校舍维修、公用经费补助"栏目中经费最高的是 CC 镇 DZR 艺术幼儿园（51 225 元），最低的是 TF 镇 SG 村幼儿园（2325 元）。共计 906 550 元。

"集中设备采购"栏目中经费最高的是 RL 镇 XX 幼儿园（35 133 元），最低的是 PN 镇 NX 乡 CY 幼儿园（2 500 元）、TF 镇 CP 村幼儿园（2 500元）、TF 镇 SG 村幼儿园（2 500 元）、TF 镇 SH 村幼儿园（2 500 元）、TF 镇 AJG 村幼儿园（2 500 元）。合计 603 450 元。

可见，奖补资金根据多因素方式进行分配，比较科学、合理。

从上述三位职能部门管理者诉说中得知：

奖补资金分配的依据是幼儿人数和年审等级，其原因在于"人数"侧重于"量"的优势，不能完全反映"质"的特征。"年审等级"是一个综合评价，更能反映"质""量"的情况，当然不排除一些人为因素，但总体评价还是比较客观的。奖补资金采用综合因素参与分配，比较科学、合理。

奖补资金分配方式为实有发票。其原因在于利于监管民办幼儿园投入情况，便于财务审计资金流向和资金效益。

奖补资金可用于办公、设备设施、租赁场地等。这侧重于硬件条件改善，但在很大程度上忽视了教师专业发展的经费支持。

不过奖补资金分配方式、分配依据、使用方向也存在一些问题，后文有相关论述，在此就不赘述。

二、奖补资金逐渐递减，缺乏吸引力

（一）CC 镇 JBB 幼儿园园长 LD

好像是从 2013 年还是 2014 年开始，大约四次，金额最高的是 2014 年，分两块：购买"学位"和硬件设施设备，凭发票去报销。一年几千元钱，后来越来越少，希望多给学校一些奖补资金。

（二）SF 镇 XXX 幼儿园园长 JDP

得过两次，2016 年约 60 000 元，不记得是 2017 年还是 2018 年又有 10 000 元左右。有，领起来做；没有，就算了。要求不高，多拿，园肯定办得好，设施设备会更好。

（三）MY 镇 HPG 幼儿园园长 YY

我记得有两次，即 2017 年、2018 年，希望每年都有，支持民办幼儿园，希望得到关照，希望得到支持。

（四）CC 镇 BJL 幼儿园园长 YBW

2016 年以前也享受过，最早按幼儿人数分配，当时人均 49 元，那时我们才 100 多人。2016 年，两个政策加起来可以享受的奖补金有 70 000 元左右，2017 年 10 000 元左右，2018 年就没有了。

（五）MY 镇 GD 村幼儿园园长 LZJ

我们当然希望多一点奖补资金来改善我们的办园条件。

（六）PN 镇 CX 幼儿园园长 LP

2013 年、2014 年差不多几千元钱，一般是 4 000 元左右，2017 年领了一回。2016 年才开始评定等级。后来越来越少。

（七）CC 镇 XEL 幼儿园园长 TD

有，也得过，越来越少。

（八）CC 镇 XBS 幼儿园园长 CD

2014 年开始领，每年都有，第一次 39 000 元左右，后来越来越少，有两三次。有年审等级奖，每期每生 124 元，以发票的形式报销。

（九）DS 镇 JSYL 幼儿园园长 TY

2018 年好像没有了，前后总共两次。DS 镇领了 1 次，10 000 元左右；MY 镇领了 4 500 元，150 多个学生。

（十）CC 镇 XQD 幼儿园园长 FHC

可能有 3~4 年，多的时候几万元，少的时候几千元，2018 年就中断了。

（十一）RL 镇 RS 幼儿园园长 ZSN

奖补资金也得到过，金额逐年递减，国家的奖补也是这样，没抱太大希望。

关于奖补资金越来越少，乃至停滞，笔者也曾多次请教过职能部门相关领导，如教育体育局计财股股长 HJY：

全县一年最多 300 000 万左右，普惠性民办幼儿园 50 多所，有的民办幼儿园 10 000~20 000 元 ，有的 2 000 多元，少得很，象征性地表示一点。每年资金额度不同，2016 年有 260 000，2018 年就没来资金了。

可见 11 位园长与教育体育局计财股股长的说法几乎一致。

从最初的"以奖代补"到后来的"综合奖补"，"奖""补""综合"也许缺乏国家层面的权威性解读，这给基层创造了政策探索的良机。P 县奖补资金分配方案确立的依据在于年审等级、幼儿人数，初步体现出质量取向的分配方式。

奖补资金越来越少，说明国家发展学前教育的投资方向也许发生转移，因提供普惠性学前教育服务的责任主体应是公立幼儿园群体，只有量多、质好、价廉的公办幼儿园，才能更加凸显学前教育的公益性，保证我国学前教育发展的正确轨道和服务方向。正如财政局教科文股股长 JM 所说：

民办幼儿园奖补力度小，民办幼儿园支持力度大也不行，它削减了公办幼儿园发展资金，挤压公办幼儿园生存空间，学前教育的公益性最终凸显还是要靠大力发展大量的质优价廉的公办幼儿园。民办幼儿园本身就有一定收入。

奖补资金越来越少，预示着一些民办幼儿园加入普惠行列的积极性可能会"锐减"，"普惠性民办幼儿园"这个外在标签渐渐缺乏吸引力，有限的奖补资金与限价之间的矛盾日益凸显，"普惠性"与"营利性"之间界限模糊。因民办幼儿园本身生存面临诸多困境：生源竞争、价格竞争，教师劳动强度大，职业缺乏吸引力，教师流失严重，潜在风险加剧，办园成本攀升。

总之，普惠性民办幼儿园要获得奖补资金必须具备一定条件。所谓"奖"，就是提供普惠性产品质量好的，给予奖励；所谓"补"，就是按照国家要求提供普惠性服务，暂时存在能力限度的，国家予以补贴。不过从政策文本看，奖补资金中的"奖""补"界限比较模糊。

奖补资金配置依据在于办园等级、幼儿人数。"办园等级"旨在追求办学质量，不过实际操作中"办园等级"侧重于硬件设施的考核，如 P 县教育体育局于 2018 年 3 月 16 日发布的《关于做好民办学校 2017 年度审核工作的通知》（P 教发〔2018〕23 号）将年审时间分为：第一阶段：即日起至 2018 年 3 月 30 日，各民办学校自查整改阶段；第二阶段：2018 年 4 月 2 日至 4 月 28 日，县教育体育局组织有关人员到各校现场审验（具体时间另行通知）。

该文件明确年审方式为现场审验，需要提供的资料如下：

领导班子建设：学校领导班子及管理机构设置情况等。

制度建设：学校章程及人事、教学、安全管理、岗位职责等制度建设情况等。

办学投入：学校投入办学资金用于改善办学条件、购置教学及其他设施设备的有关凭证等。

保障教职工权益工作：所聘教师的教师资格证复印件，学校与教职工签订的《劳动合同》、支付工资（津贴）及为教职工购买社会保险的有关凭证等。

教育教学工作：学生学籍资料、专业（科目）设置及教学计划、学期授课课程表、教师备课本、教案等。

食品卫生安全工作：设有食堂、小卖部的学校，食堂、小卖部卫生许可证、工作人员健康证复印件、食品采购索证情况、食物留样记录以及购买校方责任险凭证等。

资产及财务管理工作：固定资产统计、会计人员资格证、会计记账簿等。家校联系、学生和家长对学校的满意度情况等。

可见，因专业人员缺乏，年审方案侧重于外在的硬件设施等显性资料的审查，办园质量侧重于考察上岗资质、内部制度建设等，无法直接深入课堂了解教育教学情况。另外，纯粹现场审查资料是否存在一定程度上的形式主义工作作风，具体操作过程也许不可避免存在一些不够透明的现象，这样可能直接影响评价的公平公正，因评价结果直接影响资金分配。这样，资金分配可能存在不够公平的情况。

按"幼儿人数"来分配奖补资金，相当于政府直接购买学前教育服务，直接购买"学位"。不过，民办幼儿园都没采取招投标而轻易获得国家奖补资金。如 P 县财政局、教育体育局于 2016 年 9 月 27 日联合下发了《关于下达 2016 年学前教育购买服务省级奖补资金的通知》（P 财教〔2016〕35 号），该文件附件《P 县 2016 年学前教育购买服务省级奖补资金分配表》表明：本次学前教育购买服务的普惠性民办幼儿园 18 所，其中 CC 镇 9 所、RL 镇 1 所、JX 镇 1 所、SF 镇 1 所、GP 镇 1 所、PN 镇 1 所、HJ 镇 1 所、CL 镇 1 所、WJ 镇 1 所、HN 乡 1 所。本次购买"学位"最多的是 CC 镇 XHJXQD 幼儿园，共计 170 个，补助金额是 51 000 元，"学位"最少的是 CL 镇 LJL 幼儿园（51 个），补助金额是 15 300 元。"学位"总计 1933 个，补助金额 580 000 元。

这种政府购买方式纯粹按照幼儿人数予以奖补，一些普惠性民办幼儿园根本没有采用竞争性招投标，而是直接申报、完善资料就轻松获得政府奖补资金，"奖补"的意义大大削弱。

奖补资金额度渐趋减少，意在表明国家发展学前教育战略规划可能做出了重大调整，不过学前教育公益性的最终凸显还是要靠众多质优价廉的公办幼儿园大力发展、健康发展。

第六节　资助政策运行的实践样态

资助政策运行是指将资助政策静态文本的应然性内涵呈现于鲜活的、具体的资助活动的实然状态中。此处的"资助"是指根据幼儿家庭贫困程度而予以赠予性经济资助，是基于当今我国国情的一种选择性资助，也是基于我国一些困难家庭现实处境的一种特惠性政策。

资助政策的逻辑起点：观照幼儿入园机会；资助政策的价值旨归：优化幼儿人生；资助政策的社会效应：成人成才回馈社会。

资助政策既是一种"物质关怀"，也是一种"精神引领"，即一种"潜移默化的内隐的教育方式"[①]，旨在让幼儿享受"物质关照"的同时，深刻觉解自己与他人、社会、自然之间的和谐关系，增强其感恩情怀，领会生命真谛。所以，资助政策运行外在传递的是"物质财富"，更多的是内在的"精神激励"，旨在教育幼儿从小懂得团结互助、诚实守信、自强不息、感恩奋进等道德情怀，成就幸福人生。

资助政策已纳入国家扶贫政策的整体规划，是国家扶贫政策在教育领域的延伸和拓展，它更加凸显教育的特征和自身优势。政策文本仅仅表现为政策实施的一种外在形态，意味着各级政府及其职能部门在逐步实施，而静态的政策文本具体推动的过程、政策效益渐趋呈现的过程，众多政策参量、政策因素参与其中的复杂过程，才是政策实施最鲜活、最丰富的现实状态。下面是一些亲历者的心声。

一、一些信息交流渠道不够畅通

财政局教科文股股长 JM：

资助政策：中央、省拿一部分钱，地方再匹配一部分，资助面 10%，每人每月 100 元，1 年 1 000 元。我们根据教育部门测算，财政部门来匹配，上级来多少钱不知道。以 2018 年为例，总共需要 120 万元，县级财政投入保教费减免补助资金 90 万元，估计上级财政来 50 万元，结果上级财政配套 90 万元，因上级一直没有来钱，又要求按进度推进，上级专款又必须专用，也许教育部门扩大了资助面。政策运行程序是年初预算报上去的，按预算执行，假如上级财政该来 1 300 万元，万一上级来不了 1 300 万元，无法执行，我们只能报"假"数字。

P 县财政局、P 县教育体育局于 2018 年 3 月 28 日联合下发了文件，该文件指出，根据《S 省财政厅、S 省教育厅关于下达 2018 年中央支持学前教育发展专项资金提前通知部分的通知》（C 财教〔2028〕16 号）文件精神，现将 2018 年春季学前教育减免保教费资助资金 90.18 万元（中央资金 41 万元，省级资金 49 万元，县级资金 0.18 万元）下达给各幼儿园和有关学校。这暗示上级财政到位资金 90 万元。

上述访谈者道出了一个问题：上下级业务部门之间相关信息交流平台缺乏。资助政策是一项民生工程，必须按质按量执行。不过县级财政部门是基

---

① 赵贵臣. 我国大学生资助政策体系的德育功能研究[D]. 长春：东北师范大学，2011：30.

层资助政策执行单位，无法准确、及时获取上级部门相关信息，诸如资助资金下达额度、时间，这样直接影响年初预算上报方案预期值、县级财政投入额度、政策推进进度等，因 P 县是靠财政转移生存的革命老区，财力紧张。而学前教育资助政策又是一项非常严格的民生工程，必须按年初预算安排的进度推进，不过县级财政"有心无力"。上级财政下达也存在诸多问题，诸如经济下行，财力状况也存在诸多不可预测因素；中央、省级对县级学前教育发展专项资金的划拨采用激励机制，有一套比较科学的考核方案，其评价指标包含县级财政投入，所在县是否属于国家级贫困县，全县人口总数，幼儿人口总数，一年内中央、省、市业务部门检查评估后综合考核分数，然后根据各项考核指标分别考核量化，最后根据具体考核分数采用激励机制，予以财政奖补。因我国行政管理体制纵向与横向职能部门分工存在差异，不可避免地存在一些信息采集渠道不够畅通或信息传输不够及时的问题，这使基层政府或业务部门推行相关政策时带有一些盲目性、不可预期性。

二、非建档立卡对象资助标准没有体现"精准扶贫"

（一）CC 镇 WLX 幼儿园园长 XXF

农村确实困难，资助标准应该高一点。

（二）CC 镇 XQD 幼儿园园长 FHC

资助金额应向贫困地区、偏远地区、农村倾斜。

（三）CC 镇 XEL 幼儿园园长 TD

贫困家庭幼儿多发几百，不太贫困的家庭幼儿少发几百。

（四）PN 镇小学附属幼儿园老师 WYZ

非精准扶贫对象一律 500 元，没有梯度，显得不公平。

（五）CC 镇 BJL 幼儿园园长 YBW

非建档立卡对象都是 500 元，没有差异，显得不够公平，资助标准应调高一点，这样特别困难的家庭幼儿就要好一些。

（六）教育体育局计财股副股长 ZXG

建档立卡对象据实减免，非建档立卡对象多年一直是 500 元。在非建档立卡对象群体中确实存在贫困成因、贫困程度不同的问题，一个资助标准体现不出贫困差异。

S省财政厅、S省教育厅于2011年10月17日联合出台了《关于加大财政投入支持学前教育发展的通知》（C财教〔2011〕224号），该文件指出：从2011年秋季学期起，建立我省困难儿童学前教育资助制度。具体政策是：对经县级以上教育行政部门审批设立的普惠性幼儿园的在园家庭经济困难儿童、孤儿和残疾儿童，每人每月减免保教费100元（当前阶段减免资助面控制在在园儿童总人数的10%以内），减免的保教费由政府财政对幼儿园给予补偿。这里的资助对象有三类：家庭经济困难儿童、孤儿和残疾儿童；资助比例：每人每月减免保教费100元。

S省教育厅、财政厅、人力资源和社会保障厅、扶贫移民局于2016年5月23日联合下发了《关于实施建档立卡贫困家庭学生资助政策有关具体事项的通知》（C教函〔2016〕277号）。该文件强调指出：从2016年春季学期起，对全省除民族自治州、自治县以外的其余132个县的建档立卡贫困家庭在园幼儿据实免除保教费。其中，在公办幼儿园就读的建档立卡贫困家庭幼儿，按照实际收费标准据实免除；对在教育主管部门批准设立的民办幼儿园就读的建档立卡贫困家庭幼儿，按当地同类型公办幼儿园免费补助标准给予等额补助，其收费标准高于财政补助标准的部分，由学生家庭承担。建档立卡贫困家庭在园幼儿按学籍进行统计和资助，跨县就读的幼儿由户籍地提供建档立卡贫困证明，在就读地享受资助。该文件规定的资助标准：建档立卡贫困对象据实免除，非建档立卡贫困对象没有明确。它将原来的资助对象由三类——家庭经济困难儿童、孤儿和残疾儿童，变为两类：建档立卡、非建档立卡，实行分类资助，体现精准扶贫。

而资助标准在P县也有一个演进过程，P县财政局、P县教育体育局于2013年10月15日联合出台了《关于下达2013年秋季学前教育"三儿"资助省财政补助资金的通知》（P财教〔2013〕37号），该文件将"资助范围和标准"界定为经县级以上教育行政部门批准设立的普惠性公、民办幼儿园和中小学附属幼儿园的在园家庭经济困难儿童、孤儿和残疾儿童，标准为每人130元。

P县财政局、P县教育体育局于2014年2月25日联合出台了《关于下达2011—2013年学前教育"三儿"资助中央和省级追加补助资金的通知》（P财教〔2014〕13号）。该文件指出：经县级以上教育行政部门批准设立的普惠性公、民办幼儿园和中小学附属幼儿园的在园家庭经济困难儿童、孤儿和残疾儿童，标准为每人455元。

《P县2011—2013年学前教育"三儿"资助省级资金安排表》显示：2011

年秋—2012 年春，FX 小学 3 人，金额 780 元。2012 年秋—2013 年春，XH 小学 3 人，金额 780 元。这里没明示资助标准，其实是每人 260 元。

P 县财政局、P 县教育体育局于 2015 年 5 月 6 日联合下发的《关于下达 2015 年春季学前教育"三儿"资助补助资金的通知》(P 财教〔2015〕21 号)对资助对象、资助标准予以明确：经县级以上教育行政部门批准设立的普惠性公、民办幼儿园和中小学附属幼儿园 2015 年春季在园的家庭经济困难儿童、孤儿和残疾儿童，标准为每人每月 100 元。至此，非建档立卡对象每学期资助标准 500 元基本固定下来。

非建档立卡对象是一个较大的群体，其贫困成因、贫困程度各异，能否将资助标准做出比较切合实际的调整？

教育体育局计财股副股长 ZXG：

资助标准 500 元不好细化，因操作太多，风险更大。只要有弹性，就有人操作。

PN 镇小学附属幼儿园老师 WYZ：

一个标准确实也不好，不公平，调整可能不好操作。

上述访谈者反映出一个问题：一个资助标准来量化所有的资助对象，肯定不公平，那么，是否可以调整资助标准？调整资助标准的难点何在呢？

因非建档立卡政策对象多，诸如离异家庭儿童、农村留守儿童、家庭成员残疾的儿童、家庭成员长期患大病的儿童、家庭遭遇重大自然灾害的儿童等。政策对象多，政策运行成本高，政策顺利运行难度较大。

要准确确立资助标准，必须对这些政策对象的贫困程度进行界定。要对其贫困程度进行界定，须对其贫困成因、贫困程度进行分类梳理，而贫困程度的界定来源于家庭的收入情况，家庭收入属于个人隐私，要准确、全面、深刻地调研家庭收入情况，必须有相应的法律、政策依据。且家庭收入成分比较复杂，如家庭年度预期收入 = 工资性收入（务工）+ 家庭经营性收入（种植、养殖、加工、经商、运输）+ 转移性收入（政策性、保障性、赠予、保险）+ 财产性收入（土地租赁、房屋租赁、利息、股份收入）。[1]这不仅要耗费政策运行主体大量的人力、物力、财力，即使采集到的信息也不一定真实可靠。更重要的是，目前我国正缺乏这些法律、政策依据，给政策对象贫困分类定级、精准扶贫带来一定难度。所以，政策运行主体采集相应的信息时就存在信息渠道不够畅通、贫困程度无法准确确立的问题，资助标准也就无法准确认定，实施分类资助、精准扶贫就可能显得难度很大。

---

① P 县脱贫攻坚指挥部办公室. 脱贫攻坚结对帮扶手册. 2017: 30.

三、临界贫困标准不够明晰，实际操作难度较大

（一）CC镇XEL幼儿园园长TD

我觉得临界贫困标准没有一个硬性指标，很难操作，只有这么几个名额，没有一个硬性条件，所以实际操作存在一定的难度。

（二）CC镇CC幼儿园园长DL

临界贫困标准不够清楚，实际操作只能是一个大概，因它没有具体标准。

（三）MF镇幼儿园园长LLF

识别对象有难度，原因在于临界贫困没有一个明确的标准，仅仅局限于一些纸质材料，学校操作存在一些困难。

（四）CC镇YGC幼儿园园长ZML

贫困标准很难界定，同一生活水平线的人很多，上面没有一个精准的标准来让我们精准地识别政策对象，这很为难我们！

P县脱贫攻坚指挥部办公室编写的《脱贫攻坚结对帮扶手册》显示：贫困户年人均纯收入稳定超过当年国家贫困标准（按2010年2300元不变价计算，2015年2855元，2016年3100元，2017年暂定3300元）。脱贫标准是刚性的，不过临界对象就很多，客观上资助对象的精准识别确实存在一定难度。

上述四位园长的苦恼可以理解，也反映了一个问题：临界贫困标准不够清晰，进而导致资助对象识别存在一定难度。这说明对贫困程度把握不够准确，导致资助对象遴选存在难度。这里存在一个具体困难：贫困程度基于家庭收入，但家庭收入结构复杂，政策运行主体对其要深入、全面调研，必定耗费大量人力、物力、财力；且资助对象的家庭实际收入一般不会如实告知，这是个人隐私，属于法律保护范畴。不过目前我国还缺乏相应的法律、政策依据。

政策运行主体只能现场走访，通过了解政策对象的现实生活状况，访谈附近邻居等多种途径才能全面、深入地了解他们家庭的实际收入。管理者要深入、全面、准确地了解政策客体的家庭实际收入，须有相关法律、政策做出权威性的解读。不过目前还存在法律真空、政策盲区，所以临界贫困标准难以准确确立，进而导致精准识别资助对象存在一定难度。

四、资助比例对现实观照不够

（一）CC镇BJL幼儿园园长YBW

我们学生多、名额少，500多学生，45个名额，贫困程度相近的非精准扶贫对象只能轮流享受。CC幼儿园、JG幼儿园也是同样的资助比例，它们是全县唯一的两所省级示范公立幼儿园，在此就读的大多是家庭条件较好的幼儿，为什么它们也是分配这么多名额？即使给，名额可少一点。它们拿到指标反而还是一个烫手山芋：一是不敢上交，二是不能在校际调剂。最后强行给一些幼儿，这又产生新的不公平。

（二）CC镇JGG幼儿园园长WY

上学期19个学生，2个指标，指标少，符合要求的人太多，只能资助一部分幼儿。

（三）WJ幼儿园园长CCH

农村学校指标少，不应该"一刀切"。在资助比例上，农村、乡镇、县城应区别对待。

（四）CC镇GJ幼儿园教导主任CXM

我们是省级示范公办幼儿园，在园就读的大多是家庭条件在当地比较好的。有时候指标拿到手上不好办，不能上交，不敢私下调剂。有时候我们主动把指标给在此就读的两姊妹，人家还不要，怎么办？就解决符合条件的本园教师、保育员的子女，否则不好办。很无奈！

（五）MY镇GD村幼儿园园长LZJ

我们园去年77人，8个指标，希望资助比例再大一点，农村困难儿童较多。

资助比例早有政策明确规定，如S省财政厅、S省教育厅于2011年10月17日联合出台的《关于加大财政投入支持学前教育发展的通知》（C财教〔2011〕224号）指出：从2011年秋季学期起，建立我省困难儿童学前教育资助制度。具体政策是：对经县级以上教育行政部门审批设立的普惠性幼儿园的在园家庭经济困难儿童、孤儿和残疾儿童，每人每月减免保教费100元（当前阶段减免资助面控制在在园儿童总人数的10%以内）。

S 省财政厅、教育厅、人力资源和社会保障厅、扶贫移民局于 2015 年 12 月 3 日联合下发的《关于实施教育扶贫攻坚政策有关事项的通知》（C 财教〔2015〕230 号）指出：从 2016 年春季学期起，将四大片区中除民族地区以外的其余 34 个贫困县的幼儿保教费减免面由 10% 提高至 20%，减免标准为每生每年 1 000 元。从 2016 年春季学期起，将全省除民族自治州、自治县以外的其余 132 个县的建档立卡贫困家庭幼儿，全部纳入面上的保教费减免范围，并据实免除保教费。

从上述政策客体反馈情况来看，P 县政策运行主体在县域内对资助比例做出了一定的调整。

上述四位园长和一位教导主任反映了一个共同问题：资助比例对资助对象的现实情况观照不够。其根本原因在于资助比例的调整并非易事。首先，政策运行主体须对县域内的资助对象进行全面、深入的了解。通过全盘摸底后，着手资助比例方案初稿的拟定；初稿形成后仍须回到现实生活中倾听资助对象的意见或建议；同时提交县人大、政协、纪委、监委、财政、民政、扶贫办等单位，广泛听取其意见或建议。政策运行主体再对其意见或建议一一梳理，修改初稿，最终形成比较正式的政策文本，最后提交县委常委会集体研究决定，常委会决定后公布实施。这是一个耗时耗力耗费的漫长过程，政策运行成本较高，作为政策运行主体的职能部门也是"理性经济人"，必须考虑政策运行的成本、政策效益，所以资助比例调整的政策文本诞生的成本较高，职能部门一般不会轻易调整资助比例。

再者，资助比例调整过程中，或许存在政策方案疏漏之处，一些民办幼儿园基于自身利益的考量，必定会暗中寻求自己利益表达的结构，尽量争取更多的资助比例以稳定生源，进而获取稳定利益。

最后，资助比例的变动是基于贫困程度的准确认定，而资助对象的家庭收入的准确信息采集渠道不畅，加之家庭收入信息属于个人隐私，严格受法律保护；即使要准确得到相关信息，也必须提供相关法律、政策依据，否则属于侵权行为。面临诸多不利因素，作为政策运行主体的职能部门一般不会去轻易变动资助比例。

总之，因信息采集渠道不够畅通，上下级职能部门之间沟通存在一定的障碍，业务工作推进存在一定的盲目性。国家至今未出台临界贫困认定标准，导致基层单位精准识别资助对象难度较大，也未体现精准扶贫；同时也给资助比例的科学划分带来难度，一方面指标过剩，消化不良，造成公共资金流失；另一方面，指标太少，僧多粥少，本该享受资助的没能享受资助，又产生新的不公平，在一定程度上可能激发社会矛盾。综上所述，出台政策后，国家职能部门应深入实地全面、广泛地调研，对政策客体的致贫原因、贫困程度分别梳理，建立数据库；同时，国家颁布权威的贫困认定标准，尤其是临界贫困认定标准。为保障贫困认定信息的准确、真实、有效，国家应颁布相应的法律、政策，为其保驾护航。只有这样，才能真正体现精准资助、精准扶贫。

第三章

普惠性民办幼儿园政策运行现状的影响因素分析

任何事物的存在，必定有其存在的合理性。普惠性民办幼儿园政策运行的实践样态，背后必定有其深刻缘由。现在我们透过政策运行样态的外貌，直接深入底层剖析其深刻缘由。笔者认为，政策运行样态缘由既有政策运行主体因素，也有政策运行客体因素。

第一节　普惠性民办幼儿园政策运行主体

普惠性民办幼儿园政策要在 P 县健康、有效地运行，自然离不开政策运行主体的努力，政策运行主体不仅包括 P 县职能部门直接推动政策运转的管理者，还包括政策目标群体。如果没有政策目标群体的信服、接受、配合，政策目标难以达成。所以本书政策运行主体是指 P 县职能部门管理者和政策目标群体。

他们推动实施运行前首先要对政策有一个初步的认知，而他们的政策认知水平主要表现为他们所掌握的政策信息量、政策理解水平。政策信息量、政策理解水平往往受到他们自身知识经验、生活环境、教育背景、政策信息、认知目标等诸多因素的影响。更重要的是，任何主体的认知都是一个渐进的过程，其中可能会存在或多或少的认知缺陷。

一、普惠性民办幼儿园政策运行主体认知缺陷分析

（一）认知

认知（cognition）即认识、知晓，是"指人的认知活动，包括知觉、记忆、思维、想象、学习、语言理解和产生等心理现象。认知过程是一种信息加工过程，可分为刺激的接收、编码、储存、提取和利用等一系列阶段"[①]。认知是主体的机能，是主体意识活动的外在表征和结果。认知的最本质特征不仅仅体现在获取信息"量"的多少，更重要的是对信息"质"的把握，如体现于信息的特性、准确性等方面的分析、判断、处理的能力上。

（二）普惠性民办幼儿园政策认知

普惠性民办幼儿园政策认知是指政策运行主体对政策的认识、理解过程。对政策运行主体来说，对政策信息进行加工处理是一项复杂的心智活动。普惠性民办幼儿园政策认知的完整过程大致包括以下几个基本环节。

1. 感知

普惠性民办幼儿园政策感知是指政策信息因子通过政策运行主体的感觉、视觉、听觉等接收政策信息的"通道"将这些政策信息因子输入主体"大脑"，政策运行主体获得相关信息后，根据自己已有的知识、经验对此做出初步的感知。感知是政策认知的起点，也是政策运行主体与政策文本进行信息交互作用的过程。

2. 选择

普惠性民办幼儿园政策选择是指政策运行主体基于自己原有的思维方式、价值观念等对新输入的政策信息因子进行价值判断，遴选自己初步确定的"认知目标"和信息客体。这一过程体现出政策运行主体对外界输入政策信息因子的态度、倾向和取舍过程。

3. 加工

普惠性民办幼儿园政策加工是指经过选择后，政策运行主体获得了相关的政策信息因子，将其归入自己的思维领域，再对其加工处理。如果加工后这些政策信息因子与原有认知结构相吻合，就被原有认知结构所吸纳，即所谓的"同化"。如果加工后这些政策信息因子与原有认知结构不吻合，且原有

[①] 车文博. 心理咨询百科全书[M]. 长春：吉林人民出版社，1991：128.

认知结构不足以吸纳它，就随即调整原有认知结构来适应这些政策信息因子的特性和要求，即所谓的"顺应"。从本质上讲，普惠性民办幼儿园政策加工过程本身包含对相关政策信息因子的重组和建构。

4. 领会

普惠性民办幼儿园政策领会是指政策运行主体在对政策信息因子加工处理的基础上对其做出阐释。政策执行主体是基于自己原有知识、经验去解读、认知这些政策信息因子。原有的知识、经验是构成思维模式、价值观念的前提条件和物质基础。这些知识、经验与思维模式、价值观念一道融合成政策运行主体的思维定式。他们凭借已固化的思维定式来认知相关政策信息因子，选择认知目标和信息客体。

上述普惠性民办幼儿园政策运行主体认知四个阶段具有明显的主观性特征，这些主观性特征导致了政策运行主体在认知政策过程中可能会存在一定的主观局限性。

（三）普惠性民办幼儿园政策运行主体认知缺陷表现

1. 政策对象识别不准

P 县教育局于 2014 年出台的《P 县 2014 年"国培"骨干教师短期集中培训项目送培名额分配表》中对"幼儿园骨干教师短期集中培训"这样规定：

第一，XH 师范大学组织培训，参培学员 6 名，其中 CC 幼儿园、JG 幼儿园各 2 名，TF 镇教育督导组、MY 镇教育督导组各 1 名。

第二，XN 大学组织培训，学员 5 名，DS 镇教育督导组、MY 镇教育督导组、RL 镇教育督导组、PN 镇教育督导组各 1 名。

何为"幼儿园骨干教师"？笔者认为，所谓幼儿园骨干教师应是在幼儿教育教学第一线、教育教学业绩突出、教育教学声誉很好的教师。

笔者通过田野考察发现，教育督导组成员结构如下：原中小学校长、副校长、主任或中小学的骨干教师，或"关系户"，没有一个是学前教育专业的管理者。本次指派这些人作为幼儿园骨干教师参培，首先名实不符，其次学用分离。他们侧重于行政管理，质量管理基本缺位。即使亟须提升其专业技能，笔者个人也认为：当前师资培训资源短缺，最好将稀缺的资源用于一线幼儿教师，这也许是最佳政策方案，也许会释放出最大政策效益。

任何一项政策都有其特定的适用范围、政策对象，政策运行中如不能准确界定政策界限、精准识别对象，常常会使一些真正的政策目标群体被剥夺政策赋予的权利，而一些不该享受政策利益的人反而享受了政策福利，这是政策运行中的"变形走样",政策目标难以达成。这实际上造成了社会价值的相对剥削,浪费了宝贵的社会公共资源,在一定程度上激发了社会矛盾,产生新的不公平。

2. 对政策内涵不够理解

普惠性民办幼儿园政策要顺利运行,政策运行主体必须对政策内涵要有一个基本的认知。

笔者前期调研中曾以"普惠性幼儿园"概念访谈了 60 位普惠性民办幼儿园园长(含副园长或教导主任等),现仅选几个案例具体说明。

CC 镇 BJL 幼儿园园长 YBW:

"享受国家政策越来越好",这个概念比较模糊,具体内涵我不了解。

CC 镇 XBS 幼儿园园长 CT:

不属于高收费,普通家庭都能接受,园所要求都要达到标准,群众都能接受的幼儿园。

CC 镇 SHJ 幼儿园园长 WDX:

大众化,低收费,一般能接受的幼儿园。

CC 镇 HPG 幼儿园园长 YJ:

大多数幼儿都能上的幼儿园。

CC 镇 CC 幼儿园园长 DL:

相对于高端幼儿园而言收费低,面向大众(主要是中低收入人群),让人们得到最大实惠的幼儿园。

上述 5 位园长是基于自己的认知而做出的解读,可见没有一位园长能比较完整、准确地理解这一概念。

(四)普惠性民办幼儿园政策运行主体认知缺陷产生的根源

任何行为的出现都必定有其缘由,普惠性民办幼儿园政策运行主体认知缺陷的背后必有其缘由。

1. 政策运行主体认知的主观性特征导致其选择性接受政策文本信息和个性化解读政策文本信息,这是产生认识缺陷的根本原因

作为认知主体的普惠性民办幼儿园政策运行主体的认知活动是通过其大脑对作为认知客体的政策信息的选择、加工、领会而实现的,二者之间构成一对矛盾。其矛盾的外在表征为政策运行主体的认知结构基于原有的知识、经验、思维方式等对输入大脑的政策信息进行比较、选择,即这些原有的知识、经验、思维方式等决定了其认知过程具有一定的方向感、选择性。因此,

政策信息主体的认知结构决定了他们只能对其所感知的信息客体的某些方面的刺激做出反应。

政策运行主体对政策信息刺激的反应不会全部照收，很可能对政策信息做出创造性理解。政策信息的创造性理解分为组合式认知、歪曲式认知两种表现形式。

组合式认知即认知主体根据其认知结构原有的知识、经验、思维方式等对信息客体进行加工处理，并对其做出解读。因政策信息组合中认知主体主观性地介入，认知中的政策信息可能发生变异，即政策认知主体对政策信息客体的认知可能存在信息失真现象，外在表征为政策运行中的走样变形。

歪曲式认知。因政策是一种对社会价值、公共资源进行权威性分配的分配方案和确认方式，同时政策往往与政策运行主体的利益密切相关，且政策运行主体都具有"理性经济人"逐利的人性特征。这种人性特征很有可能体现在认知过程中，因此，政策运行主体对政策信息认知时通常会基于利己的动机来操纵其认知过程，致使信息客体往往以扭曲的形象植入政策运行主体大脑，最终政策运行主体大脑呈现的就是一幅颠倒、歪曲的认知图景。

2. 政策运行主体自身文化素质偏低也是造成其认知缺陷的一个原因

政策运行主体要正确认知相关的政策，必须具备相应的文化素养，否则会造成认知的局限性和运行行为的偏差。

笔者通过调研得知：全县 50 所普惠性民办幼儿园举办者学历结构包括大专、中师（含中专、高中）。其中大专 14 人，中师（含中专、高中）36人。学历仅仅代表其学习经历，不完全代表文化素质。不过通过与他们多次交流发现：他们不仅专业知识严重缺乏，而且也极度缺乏教师必备的一些文化知识，如大多数人对政策内涵的解读能力弱，对音乐、美术、书法、舞蹈等几乎不了解。如 TF 镇教育督导组主任 XJQ 所说：

辖区内师资准入标准与国家标准相差甚远。专任教师 53 人，学历合格的 47 人，合格率为 88.9%；专业合格的 19 人，合格率为 35.8%。身为幼儿教师，理应熟练地掌握本体性知识，即教育教学的专业知识以及与此紧密相关的美术、音乐、书法等文化知识，这是对一位合格幼儿教师的基本要求。但是我们辖区，一些幼儿教师不仅专业知识缺乏，音乐、美术、书法等文化知识也极度缺乏，其教学方式陈旧、落后，大多只利用一块黑板、一支粉笔。尤其是一些民办幼儿教师本身素质、教育教学质量令人担忧。因其极度缺乏专业知识和相关的文化知识，一些民办幼儿教师只能迎合一些短视家长的需求，传授一些书本知识，其根本原因在于：一是本身教师个体素质不合格，二是"客户"需求，推动了"知识化教学"市场发育，有利于一些民办幼儿园争夺生源，赢得利润。采用这种方式教学，既违背了幼儿教育、成长规律，又忽视了幼儿基本素质的培养和良好习惯的养成，导致一些幼儿厌学，影响其健康发展。

可见他们因自身文化素质不高而对政策内涵进行随意性、浅表化解读。更重要的是因自身音乐、美术、书法、舞蹈等文化知识严重短缺，无法正确引导幼儿开展一些户外活动或室内活动，只能迎合部分家长的需求，开展知识化教学。所以，文化素质偏低会直接影响政策运行主体对政策信息的正确认知。

3. 政策信息的载体——语言文字意指不够明确，也会造成政策运行主体认知缺陷

任何政策文本的认知、传播、解读都离不开其承载工具——语言文字，任何一项政策要高效地运行，政策信息的载体——语言文字须指代明确。正如生活中人们的交流、交往一样，若交流、交往的载体意指不明，那就难以沟通，难以达成交流、交往目标。而汉文字是一种表音表意的文字，一般而言，一些汉字有几种意义，如本义与喻义、广义与狭义、字面义与引申义、表层义与深层义等。语言可分为精确语言与模糊语言、体态语言与声音语言、口语与书面语等。因此，假如政策文本中存在一些模糊语言，意指不明，不同的政策运行主体基于自己不同的知识背景、生活阅历、认知动机、认知目标、认知方式等会产生不同的政策信息解读。

如《关于实施教育扶贫攻坚政策有关事项的通知》（C财教〔2015〕230号）指出：从2016年春季学期起，将四大片区中除民族地区以外的其余34个贫困县的幼儿保教费减免面由10%提高至20%，减免标准为每生每年1 000元。这里"保教费减免面由10%提高至20%"的"面"未做具体界定，不同的政策执行主体会有不同的解读。

二、普惠性民办幼儿园政策运行主体中层认同分析

（一）认同

正确地认知政策是政策运行主体有序、有效实施政策的必要前提，一项政策运行是否有效关键在于政策运行主体，尤其是作为政策目标群体的政策运行主体是否认同。本研究的政策目标群体是指普惠性民办幼儿园的相关人员、家长或监护人，他们对政策的认同是政策有效运行的关键因素。认同（identity）即认知主体认识到与认知客体具有某方面的同一性，"承认是同一

的"[①]，通俗地解读就是认知主体对认知客体的认可、赞同。

（二）普惠性民办幼儿园政策认同

普惠性民办幼儿园政策认同是指政策运行主体认识到自己与政策某一方面存在同一性，即政策运行主体对政策的认可、赞同。从本质上讲，普惠性民办幼儿园政策认同就是作为政策运行主体的政策目标群体对政策产生一种顺从、依附之情，也是政策运行主体对政策的一种态度表征。普惠性民办幼儿园政策认知是认同的基础。从广义上讲，普惠性民办幼儿园政策认同不仅仅局限于对政策的认同，还包括对政策制定者、政策执行者的认同。普惠性民办幼儿园政策认同还与政策认知、政策情感、政策信服、政策评价等有着密切的关系。

普惠性民办幼儿园政策认同是指政策执行主体对该政策秉持的一种积极的主观反应和行为倾向。一般来说，政策运行主体对所运行政策的认同根据其认同日趋深化的程度可分为深层认同、中层认同、表层认同。

普惠性民办幼儿园政策深层认同是指政策运行主体准确、全面地理解政策的内容、精神实质而产生的一种积极的情感，它侧重于追求政策运行给自己带来的精神层面的最高享受而积极参与政策运行并获得一种心理愉悦和满足。

普惠性民办幼儿园政策中层认同是指政策运行主体对政策的一些浅表性认知或选择性认知，它是基于政策运行主体追求政策运行带给自己的眼前利益和满足短暂的物欲而产生的一种主观反应。但它过分注重物质利益，认同定力不稳，随着政策的调整或变动，政策运行主体会迅速改变认同方向或降低认同度。

普惠性民办幼儿园政策表层认同是指某些政策运行主体的利益诉求与政策利益指向相矛盾时，他们对政策产生的一种消极评价、抵触情绪，外在行为表征为应付敷衍，为了逃避惩罚而常常表面应付但缺乏内在的积极动力，它是迫于外在压力而做出的一种被动的、消极的主观反应。

笔者经过三个多月的田野考察发现：普惠性民办幼儿园政策在 P 县运行中，作为政策目标群体的普惠性民办幼儿园相关人员、家长或监护人对该政策的认同表现属于中层认同。

（三）普惠性民办幼儿园政策运行主体中层认同表现

普惠性民办幼儿园政策运行主体对政策的认同程度反映了作为政策运行主体的政策目标群体——普惠性民办幼儿园的相关人员、家长或监护人对政策的关

---

① 罗竹风. 汉语大词典（缩印本）（下）[M]. 上海：汉语大词典出版社，1997：6613.

注程度,因该政策是一组惠民政策,政策目标群体对此有一定程度的认同和关注。笔者现将调研中得知的政策目标群体中层认同具体情况分述于后。

1. 普惠性民办幼儿园园长高度关注奖补资金

CC 镇 HPG 幼儿园园长 YJ:

奖补资金领了三四次,好像是 2013、2014 年开始发放,教育局按学生人数划分。希望奖补资金政策倾向于我们民办幼儿园。

CC 镇 WLX 幼儿园园长 XXF:

听说以前也有,希望继续执行下去,按比例享受,越多越好。

MF 镇 XBS 幼儿园园长 TY:

希望奖补资金力度大一点。

TF 镇 BHL 村幼儿园园长 ZQH:

得到过政府补贴,通过奖补、购买服务等补贴民办幼儿园,不过这只是杯水车薪。

2. 部分家长或监护人希望得到资助

CC 镇 XBS 幼儿园园长 CD:

开始施行资助政策时一些家长不想要,现在一些家长主动要资助。我只能说:“符合条件的才能享受。”

DS 镇 JSYL 幼儿园园长 TY:

部分家长主动要,最后如没得到资助,有些家长便故意“找事”。我们不想管这些事情,真的不想管这些事。

MF 镇小学附属幼儿园园长 YY:

不管“穷”的“富”的都想要,有的每一学期都想要,又不是建档立卡的对象。

CC 镇 BJL 幼儿园园长 YBW:

很多家长都想要,我们不好办。

CC 镇 DZR 艺术幼儿园园长 ZCX:

有些家长主动与老师交流,想得到资助,希望老师考虑。

PN 镇 JBB 幼儿园园长 LJ:

再富裕的都想要,有些事最不好办。因指标少,每个人都想要。

（四）普惠性民办幼儿园政策运行主体中层认同产生的根源

普惠性民办幼儿园政策运行主体中层认同呈现出以上具体情景,其背后必定有其深刻的缘由。

1. 普惠性民办幼儿园政策目标与政策群体目标的契合度影响政策认同

普惠性民办幼儿园政策要顺利运行，仅局限于职能部门工作人员的努力推动远远不够，还必须充分调动政策目标群体的参与积极性，而他们积极参与的前提就是他们对政策的认同，而他们对政策的认同是以政策目标与他们追求目标的契合度为基础的，二者契合度的大小直接决定他们认同水平的高低。毛泽东同志说："凡属正确的任务、政策和工作作风，都是和当时当地的群众要求相适合，都是联系群众的；凡属错误的任务、政策和工作作风，都是和当时当地的群众要求不相适合，都是脱离群众的。"[①]

普惠性民办幼儿园政策是一个政策组合，它通过三种途径来达成目标：师资培训在于打造"软件"，奖补资金政策旨在打造"硬件"，资助政策以稳定和扩大生源为鹄的，这一组合政策旨在扩大学前教育资源增量，优化学前教育结构存量，从理论上讲，这一政策目标也许直接契合政策目标群体目标的内在需求。

笔者在调研中得知了相关情况。

CC 镇 YGC 幼儿园园长 ZML：

政府在财力、物力上应加大扶持力度，公民办园一视同仁，民办幼儿教师渴望职称评定。

CC 镇 BJL 幼儿园园长 YBW：

希望国家给教师工资、社保补贴。

SF 镇 XXX 幼儿园园长 JDP：

我们希望得到国家更多的优惠政策，利用假期参加更多的培训。

MY 镇 GD 村幼儿园园长 LZJ：

我们想主管部门给我们提供一些免费培训的机会，多学习先进的理论知识来办好我们乡村幼儿园。希望政策能多给一些资助指标来稳定我们的生源。我们也希望多一点奖补资金来改善我们的办园条件。

CC 镇 QH 幼儿园园长 HYS：

现在我们是营利性幼儿园，渴望变成普惠性民办幼儿园，更渴望教师培训。

DS 镇 JSYL 幼儿园园长 TY：

国家应加大对公民办园的投入，尤其是偏僻的农村幼儿园。建立民办幼儿园退出机制。

---

① 毛泽东. 毛泽东选集（第3卷）[M]. 北京：人民出版社，1991：1095.

CC 镇 JBB 幼儿园园长 LD：

希望国家给老师工资补贴、社保补贴，让她们未来生活有保障，老师工作也会更有信心。

RL 镇 RS 幼儿园园长 ZSN：

对教师进行专业培训，尤其是民办幼儿园园长要好好提升其专业水准，办教育不能误人子弟。

以上是几位园长的坦率之言，这些均是基于各自利己动机而提出的利益诉求。从其鲜活的话语中大致获得如下信息：教师培训、教师补贴、国家投入，最终归结为一点：生存、发展。教师培训，国家正按政策稳步推进；国家投入是以购买服务、以奖代补等方式给予普惠性民办幼儿园一定的扶助；教师补贴暂时未尝试。当然，国家财力与这些普惠性民办园举办者预期之间存在一定的距离，有些利益诉求因财力限度暂时无法满足，只能在经济条件逐渐好转的前提下逐渐满足其合理需求。可见政策目标与政策客体目标基本一致。

2. 政策目标群体对部分政策主体缺乏信任

"信任"是并列式词语，"信"在汉语中的意义侧重于"诚信、信实、真实、诚实"等，"任"在汉语中的意义则是"任务、担当、任用"等。"信任"就是"相信并加以任用"①。这说明交流或交往主体一方相信另一方的人品或能力，才能予以任用。"信"是"任"的前提。

汉语"信任"相对的英语是"trust"，其含义为"对别人的诚实、完整、性格、力量、正义感等或对别事物的性质、质量等深信不疑"②。

综合以上英汉对"信任"的辞义，"信任"是基于交流或交往的内在需求，旨在在意义建构和价值追求的基础上在交流或交往主体间建立的一种信用关系，更重要的是，信任是为了减少社会交流或交往成本、增加交流或交往的效益、建立公共制度、建构诚信文化而形成的一种社会心理预期。

笔者在调研中得知：作为普惠性民办幼儿园政策的政策目标群体目标——普惠性民办幼儿园相关人员、家长或监护人，他们对职能部门部分工作人员存在信任缺失。

如 CC 镇 BJL 幼儿园园长 YBW：

奖补资金，听说国家拨了专款，他们是否挪用了专款？听说 S 市市中区 2018 年都有奖补资金，为啥我们没有？听说我们县每年奖补资金 100 多万，是否他们挪了，又找钱去填？

---

① 罗竹风. 汉语大词典（缩印本）（上）[M]. 上海：汉语大词典出版社，1997：600.

② 王同亿. 英汉辞海（下）[M]. 北京：国防工业出版社，1990：5656.

CC 镇 QH 幼儿园园长 HYS：

不准幼儿园办特色班、兴趣班，为什么培训机构可以办，而我们民办幼儿园不能办呢？总之，当地政策不明确，不明朗。

CC 镇 WD 幼儿园园长 HSX：

奖补资金没享受，非常吃紧，上级主管部门可能截留了，民办幼儿园不敢发声。哪个敢闹？有人等着给你"穿小鞋"，你幼儿园还办不办？

DS 镇 JSYL 幼儿园园长 TY：

奖补资金发放标准不够"清楚"，操作也不够"透明"。我们幼儿园本来教师数量就不够，县职中还强行把中职幼师生送到外地去实习，学生不愿外出实习，学校"强行"要求外出实习，否则不发毕业证。

CC 镇 JBB 幼儿园园长 LJ：

中职幼师生被"强行"派出去实习，家长不想小孩去外面实习，校长要求必须出去，可能涉及利益关系。

WJ 小学附属幼儿园园长 CCH：

我们幼儿园老师要占正式编制名额，却一直没在幼儿园上班，我们又去请人，非专业幼儿教师教幼儿，这形成恶性循环。县城学校严重超编，有"关系"才能进去，而乡镇学校严重缺人。

CC 镇 HPG 幼儿园园长 YJ：

民办幼儿教师本来就缺，为什么中职幼师生一定要送到外面去实习？她们在家乡实习更好，最好就在县城就业。我们收费低，教师待遇差，不好找人。

CC 镇 XQD 幼儿园园长 FHC：

教育体育局个别领导"纵容"县城最好的小学之一——XH 小学举办学前班，该校仅有 12 个班的规模，却拿两个班来办学前班，其根本目的在于收费，因学前班属于非义务教育。XH 小学在我县办学声誉较好，本来县城的幼儿入小学就特别难，一些家长为了让自己的小孩上县城里最好的小学，在学校门口排几天几夜的队，最终还是读不上这些好的小学，家长哭天无路。因一些乡村小学没有了，很多幼儿都进城上小学，县城小学压力特别大。像 XH 小学这些具有优质教育资源的学校却拿资源来赚钱，义务教育的职责究竟该由谁来承担呢？地方政府的义务教育的责任如何体现呢？一些领导看到问题一直不解决，这是否是属于"失职渎职"呢？

CC 镇教育督导组主任 HSQ：

有些领导插手民办幼儿园，想避开我们这个机构。前几年教育局个别领导被处分，原因在于他们与个别民办幼儿园结成一个"利益共同体"。

以上几位当事人朴实的话语，道出了她们的心酸、苦恼、无奈。这就是她们对职能部门的部分官员缺乏信任的表现。

奖补资金政策资金额度逐年减少，必定有其原因，是否考虑给政策对象一个较为合理的解释呢？身为政策运行主体的职能部门工作人员可能政策理解水平不高，无法给政策客体一个合理、清楚的解释；或者工作繁忙，无暇顾及此事；更有甚者，可能极少数工作人员职业道德确实存在一些问题，如不愿对此事过多耗费精力，上面来了资源，就按照政策分配方案操作，也许是一种应付态度，缺乏一种强烈的社会责任感，等等。所以这在一定程度上造成政策主客体之间信息沟通渠道不畅，信息交流受阻，其间必定产生误解，甚至让他们质疑或怀疑部分政策主体的人品和能力。

中职幼师生外出实习，有其合理的一面。远去 G 省实习，那里经济、教育、科技发达，高端人才聚集，是我国外引内联的窗口。他们只要谦虚好学，应该可以学到一些实实在在的专业技能。不过大多数家长、学生都反对，也有其理由：县域内幼儿专业教师严重短缺，这些中职幼师生在县域内实习、就业，可以缓解县域内专业幼儿教师极度紧张的压力，在一定程度上利于助推本县学前教育发展。这样长期形成的实习派出机制，人们自然会质疑其行为的动机，其间不排除存在利益输送的可能性。面临如此现实，校方必须给社会一个合理的解释，否则民众会产生误会或误解，直接影响政策运行的效率。

关于不准幼儿园办特色班、兴趣班等政策，作为政策主体理应利用一个恰当时机给大家一个令人信服的解释。由于政策主体一直没有回应，一些政策客体难以接受，他们就质疑部分政策主体的职业道德、出台政策的动机。

教育局极个别领导纵容极少数办学声誉很好的公立小学举办学前班。本来小学资源就稀缺，尤其像 XH 小学这样的优质教育资源在县域内十分宝贵，而学前教育属于非义务教育范畴，这也许纯粹是追求单位利益。这是否是"明目张胆"的"违规"行为？

三、普惠性民办幼儿园政策运行主体行为方式分析

政策要顺利实施，除了政策主体主观努力、主体间密切合作外，更重要的是政策运行主体必须选择学科的政策运行方法，若方法欠妥，可能会制造新的矛盾，导致政策目标难以达成，政策效益难以实现。如 20 世纪 90 年代实行计划生育政策，一些地区个别执行人员因方法简单粗暴、武断专横，激发了社会矛盾，导致政策执行受阻，损害了政府在民众心目中的形象，所以普惠性民办幼儿园政策运行主体必须慎重考虑，选择科学的政策方法，才有利于提升政策效益。

笔者通过田野考察发现，政策主体运行政策方式欠妥，表现在以下几方面。

1. 宣传不足，政策对象对相关政策了解不足

CC镇XQD幼儿园园长FHC：

上面的政策下面不清楚，具体有哪些政策，我们也不清楚。如奖补资金政策，我们不知道到底有哪些具体政策。教育体育局也许没落实下来。

2. 不知道"营利性"与"非营利性"的区别

CC镇QH幼儿园园长HYS：

我们刚涉入教育行列，不懂相关政策。教育局也没给我们解释过任何政策，当时教育局鼓励我们办成营利性幼儿园，我们也不懂，还说如办成非营利性，以后就没企业资金支配权。我们就听了他们的，过后教育局也没给我们做深入、细致的解释。现在教育局却说只有非营利性幼儿园才能转为营利性幼儿园，至于为什么，他们也没给我们解释清楚，只有一个结论，心里真的很"窝火"。

因政策主体对相关政策宣传不力，政策目标群体对相关政策了解不够，尤其是"普惠性"与"营利性"二者之间的本质差异，奖补资金政策发放标准、资金结构、资金来源，对于这些最好加大宣传力度，否则会影响政策目标群体的政策认同度，甚至直接影响政策运行效益。

这些是因政策主体宣传不力造成政策客体对相关政策了解不够的具体表现，而宣传不力即政策主体宣传政策的形式和内容未能满足政策客体乃至有效执行政策的需求。[1]政策主体宣传力度不够，其背后有深刻缘由：第一，政策主体工作特别繁忙，无暇顾及；或政策主体专业知识极度缺乏，宣传能力受限。第二，政策主体职业道德水平偏低，不愿尽心尽力对其解读、宣讲，造成宣传质量受损；或认为有些政策内容只能内部成员掌握，不应让政策对象知道。

第二节　普惠性民办幼儿园政策运行客体

普惠性民办幼儿园政策运行客体即普惠性民办幼儿园政策本身，正如前文所言，普惠性民办幼儿园政策是一个政策组合，现分别剖析其影响因素。

---

① 丁煌. 政策执行阻滞机制及其防治对策——一项基于行为和制度的分析[M]. 北京：人民出版社，2002：154.

一、教师培训政策

概而言之，调研机制不健全，培训内容、方式对学员利益诉求整合与表达不足。

国培计划涉及面广，政策对象多，对象结构复杂，因此以项目形式推动，项目本质上就是分对象、分层次、分区域进行培训。对象分为园长、教师，其中园长又细化为乡村新任园长、已任园长；教师又分为骨干教师、特岗教师、转岗教师、乡村教学点教师、村小教师；转岗教师分为已入职教师和新入职教师。

要想提升培训质量，政策主体须采用多种培训方式，如集中面授、课后研讨、跟岗实习、返岗实践、线下自学、总结反省等。政策设计者对培训方案设计可谓尽善尽美，不过也许政策主体在出台政策前调研不够，可能多是政策主体基于自己个人的主观判断、选择，因此政策文本对现实生活观照不足。

CC 镇 JG 幼儿园教导主任 CXM：

教师培训政策包括教育行政管理者、园长、公民办幼儿教师培训，各个方面都考虑到了，这很理想。我个人认为：教师培训应分层次、分对象进行。如这一次针对公办幼儿教师，下一次考虑民办幼儿教师，是否可以分别培训呢？我们一去培训，不分层次，不分对象地放在一起培训。

我们园内的培训是根据年龄来划分培训对象、培训内容和培训目标的，按照老年教师、中年教师、青年教师来分批分层次进行，各自培训内容、目标不同。政策主体如考虑培训对象的针对性，效果会更好一些。我认为，国培计划前应进行一次广泛调研，要有针对性地培训，而且应按专题来，像博士写论文一样。

CC 镇 CC 幼儿园副园长 THQ：

受训教师参与国培、非国培，她们没有选择的权利和机会。教师培训应分地域、分层次进行。培训者基于利己动机来设计培训方案，这样活动团体要付出更多成本，培训应实地调查，由一个团体固定来做，诊断性地发现问题。

DS 中学附属幼儿园园长 PY：

参训学员没有选择的权利。我参加过一次"国培"，休息时对授课教师说："老师讲这么多知识，我们无法及时消化，请你到我们幼儿园现场指导，这样学习效果也许要好一些。"

上述三位老师的话反映了一个现实问题：因培训前调研机制不健全，政策主体深入基层调研不足，培训方案对培训对象的利益诉求整合与表达不足，致使培训效益不好。

这种现象背后的缘由如下：第一，政策客体面广、量大、结构复杂，他们来自不同地域，各自的内在需求、学习动机、学习方式不同，且具有不同的地域文化背景和不同的价值追求。政策出台前，要广泛地、反复地征求其意见或建议，这是一件耗时耗力耗财的事情。且时间周期长，信息采集渠道是否顺畅、采集到的信息是否准确，信息遴选、加工需要一定的资金、技术、人力，国家财力是否有保证等都是问题。鉴于上述缘由，高质量的国家级教师培训政策文本的诞生成本太高。

第二，政策主体也许懂得国家级教师培训计划，涉及面广，政策客体多，培训对象结构复杂。尽管分项目实施也是大体分类，很多工作未具体分解、细化处理。要想逐一细化，政策目标与政策对象追求目标完全一致是不可能的。培训政策方案能做到让大多政策对象满意都很不容易，培训方案可能是曾在小范围试验过，不过实验效度、信度值得质疑。也许基于成本的考虑，大多从政策设计者角度来主观推测，集体研讨；如成本太高，政策主体也许不会选择。任何一项政策的出台、实施，他们都要慎重考虑其成本、效益。

鉴于上述缘由，师资培训政策存在调研不足，致使政策文本对政策客体利益诉求整合与表达不足。

二、奖补资金政策

资金拨付监管存在政策漏洞，导致公共资金流失

资金拨付须有理有据，"有理"即资金用于何处；"有据"即使用证据。这也许是资金拨付的一般法则。

P县财政局、教育体育局于2014年2月25日联合下达了《关于下达2013年学前教育综合奖补类资金项目中央和省级资金的通知》（P财教〔2014〕12号），它对资金拨付明确规定：各民办幼儿园提供园舍资金、校舍维修、公用经费支出等相关合同和票据原件（票据要经手人签字、园长审批签字）、幼儿园现金日记账簿、《P县扶持民办幼儿园奖补资金拨付审批表》由教体局审批后拨付资金。

这里明确奖补资金分配的方式是实有发票，这种以实有发票报销获得奖补资金的方式，从政策主体看来，应是能够经得起财政、审计等部门的检查，因它有理有据。政策设计应是很完美的，不过现实中发票来源渠道很多，即

使不购置设备同样可以有发票；相反，购置了设备也可以不要发票，税务发票使用管理监管缺失。

CC 镇 XBS 幼儿园园长 CD：

使用奖补资金必须以发票的形式报销，但我们园舍租金就没有发票，其他开销项目少数有票，多数无票。例如，我们买一体机就没有发票，只有拿钱买发票去报销。

可见，资金拨付以实有发票作为唯一依据或信用凭证，本来是很完美的政策设计，但因发票流通市场渠道较多，使用管理存在缺位现象，公共资金存在流失现象。

这种现象背后的原因在于职能部门人员管理能力较弱，对一些政策对象采购流程、采购渠道、园舍维护现场乃至获取税务发票的渠道缺乏监管，不过有些环节也无法监管。诸如政策对象与供货商之间的"暗箱操作"，监管部门难以准确获取相关信息；园舍维护施工材料来源渠道、价格等信息难以采集。另外，一些民办幼儿园创建者本身办学动机不纯，可能会利用这些机会来寻求、扩大自己的利益空间，以获取更多的利益。基于上述缘由，资金拨付监管存在政策漏洞，尤其是存在政策监管真空，致使政策对象采用一些违规行为达成目标，最终导致公共资金流失。

三、资助政策

资助标准缺乏弹性，精准扶贫力度不够。

资助标准是资助者依据受助者的受助需求、贫困程度、资助者的资助意愿及资助能力等与受助者之间达成的一种旨在精准帮扶受助者的资助等级或资助类型。资助标准的确立一方面依据资助者的资助意愿、资助能力，另一方面依据受助者的受助诉求、个人或家庭贫困程度。

一些民间个体或团体（或集体）的资助行为背后的资助标准多是依据资助者的资助意愿、资助能力确定的，其资助方式、资助对象的遴选，资助范围、资助标准的确立，更多地体现出资助者的随意性、主观性、主动性，而受助者往往带有被动性、勉强性、依附性。其原因在于资助者与受助者之间可能存在相关信息交流渠道不够畅通，资助者采集到的信息可能不够准确、真实等问题，即使资助者采集到的信息准确、真实，还存在资助者的资助能力限度问题，所以资助者的资助行为在很大程度上带有一定的盲目性、主观性、自发性。

"三儿"资助政策是一项重大的惠民政策，也是国家精准扶贫政策的一个重要组成部分，是国家教育扶贫的一种手段、方式。2011 年开始实施"三儿"

资助政策时，其资助对象为残疾儿童、孤儿、家庭经济困难儿童。2015 年 12 月 3 日，S 省财政厅、教育厅、人力资源和社会保障厅、扶贫移民局联合颁布的《关于实施教育扶贫攻坚政策有关事项的通知》（C 财教〔2015〕230 号）将原有资助对象细化为：建档立卡家庭儿童、非建档立卡家庭儿童。

建档立卡家庭儿童资助标准据实免除，非建档立卡家庭儿童资助标准为 500 元/人。建档立卡家庭即精准扶贫对象，非建档立卡家庭即非精准扶贫对象。建档立卡对象较少，他们享受一些特别优惠政策，且刚性执行。非建档立卡对象即临界贫困对象，因国家对临界贫困没有一个具体认定的权威标准，因此基层政策运行主体在推动政策运行时存在一些难度。前面已有相关论述，在此不再赘述。

第四章 | 普惠性民办幼儿园政策
运行的机制建构

普惠性民办幼儿园政策要有序、高效地运行，政策运行主体必须优化政策行为。所以，优化政策执行主体的行为对于释放政策效益、最大限度达成政策目标具有重要意义。

第一节　优化普惠性民办幼儿园政策运行主体行为

普惠性民办幼儿园政策要迅速、高质量地运行，政策运行主体须对此予以认同和接受，而政策运行主体认同和接受的前提就是他们对政策有准确认知，政策运行主体只有准确、全面地认知政策，才能领会政策制定者的政策意图，随之产生政策情感、政策信念，进而产生政策运行行为。政策运行主体执行政策的首要环节就是政策认知，所以我们的首要任务就是提升政策运行主体的认知水平。

一、提升普惠性民办幼儿园政策运行主体的认知水平

一般来说，提升政策运行主体的认知水平必须要注意以下几个方面。

（一）普惠性民办幼儿园政策运行主体必备的知识储备

相关的知识储备是普惠性民办幼儿园政策运行主体正确认知的前提，如果缺乏最基本的知识，就很可能出现政策认知缺陷。中华人民共和国成立后，

一些领导干部因缺乏基本的文化素养，执行政策时感到非常棘手，所以刘少奇同志说："部队和地方的老干部，是我们党的精华，是中华人民共和国的骨干。他们有很大的功劳，人民是要感谢他们的。这些干部总的来说是很好的，是忠实于党，忠实于国家和人民的。但也有缺点，就是文化水平低，技术知识少，业务能力差，因而应付新的工作有困难。"[①] 这里"应付新的工作"就是执行政策，没有基本的政策认知能力，怎么能推动政策运行呢？

今天，我们正处于信息时代，信息量激增、知识淘汰和建设加快，这在客观上要求我们不断更新知识结构。《中华人民共和国公务员法》的实施提高了干部队伍素质，不过也要看到：个体因先天条件、后天环境等导致专业知识、思维方式、工作效率等各异，且政策目标群体对象多、范围广、利益诉求多，这就要求必须提高政策运行主体的政策认知水平和政策运行能力。而要提高政策运行主体的政策认知水平和政策运行能力，仅局限于原有的知识存量和单一、渐趋老化的知识结构，很难准确认知政策的内涵、精神实质，尤其是政策目标群体因其文化知识水平较低，直接影响其政策认知水平、理解能力以及他们对政策及其价值、意义的认知程度，最终难以认同政策，影响政策运行效益。所以，政策运行主体应自觉拓展专业知识领域，更新知识结构，努力学习政策科学、哲学、经济学、社会学、管理学、教育学、心理学等，为其准确而全面地认知政策、推动政策有效运行奠定坚实的知识基础。同时，我们不断巩固普及九年义务教育质量，特别是老少边穷地区，控辍保学，提高儿童的文化水平和基本文化素质，增强其政策认知水平和认知能力，从而为其正确地认知政策乃至认同政策创造必要的条件。

（二）普惠性民办幼儿园政策运行主体必须认真研读政策

认真研读政策是执行政策的首要任务，一项政策必定有其特定的诞生背景、内涵、目标指向、价值取向、实施原则、实施路径、适用范围、对象等，作为政策运行主体的职能部门的工作人员和作为目标群体的普惠性民办幼儿园的相关人员、家长或监护人，理应深入、全面、系统地认真研读政策，如此才能领会其精神实质、价值、意义，理解政策的理论基础，找准政策的现实问题等。

至于学习方式，可以考虑个人自学、集中研讨、专家解读等。仅停留于集中研讨、专家解读就想提高政策学习质量是不现实的，别人的见解始终不能完全内化，所以刘少奇同志说："我还要求我们的同志用一番功夫去研究党

---

① 刘少奇. 刘少奇选集（下）[M]. 北京：人民出版社，1985：26.

的决议和文件，去把目前的形势和党的策略任务详细研究清楚，这也是使我们的工作进入实际的第一步。"①可见，只有高质量的自我学习，才能有效推动政策运行。政策运行主体必须认真研读政策，尤其是要认真研讨政策利益指向与政策运行主体利益诉求之间的关系，要进行该政策与其他政策的价值取向、实施条件、实施路径、目标指向等方面的比较研究，为准确、全面、深入地认知政策、推动政策顺利运转创造必要的前提条件。

（三）加大宣传力度，构建普惠性民办幼儿园政策运行的社会支持系统

必备的知识储备是正确认知政策的前提，也是认真研读政策的基础。一项政策的运行自然离不开政策信息的传播和讲解，政策运行以政策运行主体对运行政策的认知、认同为前提，政策颁布后不可能自动地被认知，政策制定者了解政策不等于政策执行者了解政策，政策执行者了解政策并不意味着政策目标群体就一定了解政策。为了让他们更深入、更全面地了解政策，正确地认知政策，必须从更大范围、更深程度、更高质量以各种手段传播政策信息、讲解政策内容，使他们自觉地认识到自己的利益诉求与政策利益指向的密切关系，使他们自愿地接受政策，积极参与执行政策，从而提升政策运行的效益。所以，政策运行主体除了优化原有知识结构、自我认真研读政策信息等途径来增强认知能力外，政策信息的传播、政策知识的解读也是提升其认知水平的重要途径。毛泽东同志曾谆谆告诫我们："我们的同志不要以为自己了解了的东西，广大群众也和自己一样都了解了。"②因该政策是一个政策组合，政策对象多，各自利益诉求各异，通过各种宣传途径，让政策目标群体对政策有一个正确的认知、认同，这是政策顺利运行的有力保障。

正如毛泽东同志所说："我们的政策，不光要使领导者知道，干部知道，还要使广大的群众知道。有关政策的问题，一般地都应当在党的报纸上或者刊物上进行宣传。"③所以，务必加大政策宣传力度，尤其是对政策目标群体的大力宣传，可采用各种传播媒介，如电台、电视台、政府网站及其他媒介长期宣传，或印发各类宣传手册、制作宣传展板、巡回宣传车进校园直接宣讲、班会宣传、学生集会讲解、家长会集中解读等，特别要"耐心解释一切疑难与误解"④。这样不断影响政策目标群体，才可能使其逐渐产生一种自

① 刘少奇. 刘少奇选集（上）[M]. 北京：人民出版社，1981：44.
② 毛泽东. 毛泽东选集（第三卷）[M]. 北京：人民出版社，1991：1095.
③ 毛泽东. 毛泽东选集（第四卷）[M]. 北京：人民出版社，1991：1318.
④ 周恩来. 周恩来选集（上）[M]. 北京：人民出版社，1980：96.

觉、主动的比较正确的认知行为，进而才可能悦纳政策。只有让政策目标群体从内心深处产生一种比较正确的认知态度乃至渐趋认同时，才可能顺利推动政策运行。正如毛泽东同志所说："在群众出于内心自愿的原则之下，帮助群众逐步地组织起来。"①

当然，仅局限于政策目标群体还远远不够，更应让那些暂时不属于政策运行主体范围的人也有一个认知机会。首先，职能部门要继续加大宣传力度，力争做到力度不变、持续时间不变、关注度不变、政策价值取向不变，逐渐让他们产生一种比较正确的认知乃至认同、支持政策运行的政策行为。这样逐渐构建一个政策运行的社会支持系统和社会监控系统，即"信任人民，和人民打成一片"②，才能保证政策顺畅运行，从而最大限度地释放出更多政策红利。

二、增强普惠性民办幼儿园政策运行主体的政策认同度

政策认同是政策运行的关键步骤，也是政策顺利实施的前提条件。一项政策如能被人们认同，那么人们便会从内心深处自觉自愿地接纳政策信息、产生积极的政策态度，进而主动参与政策运行。一般来说，政策认同主要取决于两个因素：

第一，政府形象，它是政府行为与民众价值判断的综合体。政府形象分为整体形象、个体形象，个体形象构成整体形象，整体形象以个体形象为载体，个体形象也是整体形象的外在表征之一。

第二，政策本身质量。普惠性民办幼儿园政策本身质量将在后面章节专门探讨，在此不再赘述。这里仅就如何塑造政府形象来增强政策运行主体的政策认同度做一些粗浅的论述。

政府形象是一种稀缺、特殊、优质的政治资源，它是政府影响力的重要组成部分，而政府影响力凸显出政府在民众心目中的地位、政府与民众之间双向互动的主客关系，它是决定着政策能否被民众接纳或接纳程度的外在表征。一般来说，良好的政府形象体现为巨大的感召力和凝聚力，能赢得民众对政府的认同和信任，也是政府合法性权威的外在体现，政府合法性权威是基于民众对政府行政能力、行政绩效的认可和良好政府形象的评价而产生出一种发自内心的对政府的信任感、认同感。良好的政府形象有助于降低政策运行成本，减少政策运行阻力，提高政策运行效益。不过 P 县政府形象的塑

---

① 毛泽东. 毛泽东选集（第三卷）[M]. 北京：人民出版社，1991：1095.
② 毛泽东. 毛泽东选集（第三卷）[M]. 北京：人民出版社，1991：1096.

造是一个长期、复杂的系统工程，它需县域内各部门通力合作，形成合力，才能形成良好的政府形象。这里仅就增强政策运行主体的政策认同度而言，P县政府应做好以下工作。

（一）应自觉提升其行政能力

所谓行政能力就是政府输出政策、管理社会事务的能力。政府行政能力是其基本管理能力之一，其本质特征在于利用公众让渡的公共权力制定政策，管理社会公共事务，规范地整合与表达公众利益，合理分配公共资源，追求社会公平正义。笔者认为，P县政府提升其行政能力应做好以下工作。

1. 促进经济快速、健康发展

P县地处S省中部丘陵地区，是国家级贫困县、人口大县、农业大县、革命老区，"'总量小、人均低、基础弱、欠发达'的县情未改变，尤其是人均经济指标远低于全国、全省和全市平均水平，工业化和城镇化水平也较低。全县农业主要以传统种植、养殖业为主，生产模式陈旧、技术粗放、装备水平低、基础设施落后，效益低下。工业总量有限，基础薄弱。经济下行压力较大，城乡发展不平衡问题依然突出，民生需求面临挑战，基本公共服务供给不足且不均衡"①。所以，P县政府应输出相关政策，促进本地经济快速、健康发展，尤其是注重资源有效配置，加强宏观调控，只有这样才能让民众走上从脱贫到温饱到小康的渐进发展道路，这也是政府行政能力最显著的外在表征之一，也是一个有绩效的政府最有说服力的依据之一。

2. 维护社会秩序，追求"善治"目标

社会稳定，人民安居乐业，和谐共处，这是长久以来人们追求的目标，也是人们对理想社会的一种描绘。作为人民公仆的P县政府应自觉担负起建立良序社会的职责，维护县域内社会稳定，整合社会价值和公共利益，巩固和提高人民群众对党和政府的认可和支持程度，旨在追求一种基于以"契约观念、效率精神"②为核心的"善治"目标。

3. 善于谋划，驾驭大局，实现社会整合

当今社会，随着改革开放的纵深推进，利益主体不同，利益诉求各异，价值追求相异，如何在一个价值观念多元化、利益诉求多样化的社会寻求一

---

① P县人民政府.P县国民经济和社会发展第十三个五年计划纲要（2016—2020），2016：9～10.
② 王浦劬.政治学原理[M].北京：中央广播电视大学出版社，2004：161～162.

种社会共识、实现社会和谐？P县政府如何赢得民众的理解、支持，引导人民群众致力经济建设？这些是检验P县政府执政能力的试金石，而有效地整合社会公共利益和社会基本价值是提升P县政府行政能力的重要途径。

当然，增强政府行政能力的路径很多，其中根本途径是大力发展经济、变革僵化的体制、提升国民素质、打造法治政府。

（二）应提高管理队伍素质，加强勤政廉政建设

政府形象是由政府整体形象和政府个体形象组成的，影响政府整体形象的决定因素是：政府履职能力、履职效果、政府部门工作人员的言谈举止。今天，政府是社会的一个大管家，"从摇篮到坟墓"的管理都属于政府责任范围，政府部门工作人员的一举一动直接关乎政府形象，要塑造良好的政府形象，我们首先必须提升每一位政府部门工作人员的基本素质，而要提高他们的基本素质，笔者认为，主要从以下方面着手。

第一，严格按照《中华人民共和国公务员法》等相关法律法规，严格选拔工作人员，使之具备基本的管理素养。

第二，严格岗前培训，不仅局限于专业知识、技能的培训，还必须加大对马克思主义理论、党性修养的教育，提高其政治素养。

第三，加强业务学习，并及时予以考核，最后将考核结果作为其晋级晋职的依据之一。

政府部门不仅要注重提升个体自身从业素质和专业能力，还应加强岗位勤政、廉政建设，在微观上注重个体从业行为的表现、绩效。

所谓勤政建设，就是遵守劳动纪律，勤奋工作，培养职业责任感和敬业精神。因为检验政府工作质量的标准就是人民"拥护不拥护""赞成不赞成""高兴不高兴""满意不满意"，每一位政府部门工作人员都应时刻倾听民众的呼声，"身"入群众中了解其疾苦，最大限度地满足其合理需求，勤政为民，时刻践行"只有将热情融入行动，人才会真正伟大"[1]这一本杰明·迪斯雷利的至理名言，时刻牢记"如果不为人类服务，我们为谁呢？"[2]这一永恒的服务宗旨。

所谓廉政建设，通俗地讲就是公正无私，干净做事。奖补资金政策、资助政策等相继推行，政策目标群体范围广、对象多、利益主体诉求各异，其道德水平和动机水平不一。作为普惠性民办幼儿园政策运行主体的职能部门

① [美]丹尼斯·B.贝克. 权力语录[M]. 王文斌，张文涛，译. 南京：江苏人民出版社，2008：199.
② [美]丹尼斯·B.贝克. 权力语录[M]. 王文斌，张文涛，译. 南京：江苏人民出版社，2008：195.

工作人员面临各种利益诱惑，更应时刻警醒，"过多的财富是贪婪之源"①，始终告诫自己："不忘初心，牢记使命"。

　　勤政侧重于工作人员的专业能力和专业水平，廉政更多体现的是道德动机和道德水平，二者相辅相成，合力推进。

三、改进普惠性民办幼儿园政策运行主体的行为方式

　　政策能否稳步推进，政策目标能否预期达成，不仅受限于政策运行主体的政策认知水平和认同度，还取决于政策运行主体恰当的行为方式。如刘少奇所说："制定政策固然不易，要经过调查研究，但是，重要的问题还在于执行政策。执行政策就是实践，在实践中间调查研究，在实践中间认识客观世界，在实践中间发现我们的错误，在实践中间发现新的问题，……方式要讲究。"② 可见，政策运行主体的政策行为方式至关重要。现实中一些政策执行受阻，关键就在于政策运行主体对政策行为方式选择不当。因此，要提高政策运行成效，减少或消除政策运行梗阻，不仅要提升政策运行主体的认知水平和认同度，更要注重政策运行主体对政策行为方式的选择。笔者认为，政策运行主体要恰当选择政策行为方式，主要应注意加大宣传力度，创设有利于政策良性推动的社会环境。

第二节　提升普惠性民办幼儿园政策运行客体质量

　　政策运行质量不仅受制于政策运行主体的认知水平、认同程度，还取决于政策文本质量。现实中一些政策无法运行或运行效益流失，其根本原因在于政策文本质量差。而政策文本质量问题表象纷繁复杂，如政策信息是否反映了现实问题、政策执行是否具备现实条件；政策执行主体基于不同的动机而出台的政策，其内容相互冲突，无法实施；政策信息指向不明，缺乏可操作性，或运行主体基于自己利益考量而选择投机行为；或政策频繁变动，会普遍存在结构性短期行为，政策客体为规避理性行为选择带来的风险而降低政策运行过程的资源投入量；或因政策随意变动导致政策系统的"结构性紊乱"，进而造成政策信息冲突、政策信息脱节及政策信息真空，等等。普惠性民办幼儿园政策同样存在一些质量问题，前文已有分析，要提升其运行质量，必须先完善其文本内容。

---

　　① [美]丹尼斯.B.贝克. 权力语录[M]. 王文斌，张文涛，译. 南京：江苏人民出版社，2008：5.

　　② 刘少奇. 刘少奇选集（下）[M]. 北京：人民出版社，1985：457~458.

一、提升教师培训政策运行客体质量

从 P 县师资培训政策运行现状来看，其中确实存在一些不足。从教师培训政策的影响因素分析来看，政策本身存在一些缺陷。要增强教师培训政策运行效益，必须首先完善其政策文本内容。

健全调研机制，培训资源供给与需求尽量做到无缝对接。

学前教育培训资源是一种社会公共产品，提供社会公共产品的是各级政府及其职能部门。这种产品的"消费者"是广大的公民办幼儿教师，"产品"的质量如何直接由"消费者"来评判，"产品"是否满足"顾客"的内在需求，必须要做广泛的市场调研，深入"消费者"生活空间，广泛、深入地调查、了解"顾客"对"产品"用后的反馈意见。如毛泽东所说："你对于那个问题不能解决吗？那么，你就去调查那个问题的现状和它的历史吧！你完完全全调查明白了，你对那个问题就有解决的办法了。"① 可见，深入调查对于寻找解决路径、提升工作绩效均有重大的现实意义。

学前教育师资培训是一个系统工程，幼师国培项目是一个政策体系。作为社会公共"产品"的输出者——各级政府及其职能部门均是立足于自己的利益动机、价值追求来设计培训方案、选择培训模式、确定培训内容、遴选培训对象。公民办幼儿教师这一庞大的消费群体，来自不同地域，在地域文化、专业背景、生活阅历、语言习俗、专业偏好、消费偏向、思维方式等方面具有不同特征，理应在培训前将最初培训方案在各大媒体宣传，以广泛征求"消费者"的意见；然后将意见或建议分类梳理，筛选出具有代表性的意见；再修改培训方案，根据培训对象分层次、分地域、分类别开展培训，不断推动幼师培训供给侧改革；建立一套科学、严格、规范的制度，以保证培训政策的稳定性、连续性、权威性、统一性。因"制度化的政策信誉"② 是政策主体与政策客体合作秩序得以不断拓展的信任基础，所以要不断增强培训的针对性、实效性，让幼师培训资源能更好地满足各位公民办幼师的内在需求，让幼师培训政策发挥最佳社会效益。

二、提高奖补资金政策运行客体质量

广泛问计于民，建立一套科学、规范、有效的拨付资金监管制度。

奖补资金发放形式分为赠送实物、现金拨付，而现金拨付的依据是基于

---

① 毛泽东. 毛泽东选集（第 1 卷）[M]. 北京：人民出版社，1991：110~111.

② 丁煌. 政策执行阻滞机制及其防治对策——一项基于行为和制度的分析[M]. 北京：人民出版社，2002：252.

民办幼儿园已用于园舍建设、公办经费支出等相关合同和票据原件（票据要经手人签字、园长审批签字）、幼儿园现金日记账簿等，对这些原始资料审核后按一定比例给予拨付。在科技高度发达的今天，这些原始资料完全可通过个人"努力"完成，如笔者在访谈中，几位园长所说的"很多东西没发票""用钱买发票，再用发票去报销"。这预示着民办幼儿园采购设备、公办用品、园舍维护等未采取招投标形式，拨付依据就是园方已采购、维修等资金支付的实有发票。

在税务发票使用制度未完善、财务监管端口后移、全民法制观念尚待增强的情况下，这种将实有发票作为唯一或重要报销依据或信用凭证的做法，存在一些制度漏洞。因政策客体自己采购一切设施设备，政策主体对其采购渠道、采购流程、园舍装修现场、发票流通渠道缺乏有效监管，尤其是一些政策客体与供货商之间可能存在"个别协商"现象，政策主体对其监管难度更大，不可避免地存在价格欺诈、质量欺诈问题。政策主体本身人员紧张，这些领域也许根本无暇顾及，这样将会导致公共资金流失。

鉴于资金拨付监管的现实困境，职能部门应广泛问计于民，深入基层调研，听取人大、政协、财政、审计、纪委、监委、住建、民政等部门意见或建议，一律实行招投标。具体程序：民办幼儿园每学期放假前自己申请采购设备或园舍维护等，由教育体育局、住建局现场考察后，予以确认。现场确认后，园方写好招投标书，由教育体育局、住建局具体安排时间，统一在S省财政厅或S市财政局政府采购中心公开招投标，在此过程中遴选施工单位和监理单位。工程结束后由教育体育局、住建局组织专业人员现场验收，验收合格后予以确认，所需资金由园方或施工方暂时垫付。审计局审计合格后再按一定比例拨付到园方账户上。这是一次从原来的由民办幼儿园自己决定的个体行为变为以招投标为核心的多家单位相互监督、相互制约的集体行为的变革，"权利结构的变化与主体的利益一致时，主体就会合作"①。

只有这样，职能部门才能坚决杜绝不通过招投标直接获得政府奖补资金的现象，每一个具体操作环节必须尽量公开、透明，程序必须公正、公开，随时接受社会监督，让权力在阳光下运行。如发现有欺诈行为，职能部门随即收缴所拨付资金，追究当事人的法律责任，永远取缔违纪园所享受此类待遇的资格，将其拉入"黑名单"，并在各大媒体予以曝光。

三、完善资助政策运行客体质量

建立一套规范、可操作的临界贫困标准，实施梯度资助。

---

① 商晨. 利益、权利与转型的实质.总序[M]. 北京：社会科学文献出版社，2007：22.

目前，临界贫困缺乏一个明确的认定标准，处于模糊状态，完全靠人们主观判断、识别。为了精准识别临界贫困对象，政府必须建立一套科学、规范、可操作的临界贫困标准，而创立一套规范、具有可操作性的临界贫困标准，必须有相应的法律、政策为其提供法律保障和政策依据。因私人财产信息属于个人隐私，而个人隐私是受到法律保护的。政府既要搜集到公民个人财产的准确信息，又要承认、保护其合法性。目前就这个问题还存在一个法律、政策真空，所以政府尽快出台相关法律、政策，并对其行为本身定性、法律边界做出具体、明确的界定，作为政府制定临界贫困标准的信息基础和参考数据。在此基础上，政府召集各类专家"集体会诊"，参考国家近几年颁布的脱贫标准和人均收入标准，尽快制定临界贫困标准初稿，再将其初稿在国内一些媒体公布，反复征求大家的意见或建议；政府将其意见或建议分类整理，遴选出具有代表性的、中肯的意见，对其初稿反复修改，最后提交国务院或全国人大讨论通过。临界贫困资助标准一经通过，各级政府必须坚决执行。

临界贫困资助标准出台后，P 县职能部门应深入基层实地调研，将各类临界贫困对象的致贫原因、贫困程度、利益诉求、人员结构等进行梳理，在此基础上，拟定出资助政策初稿，立即在县域内各大媒体公布，并征求人大、政协、财政、纪委、监委、民政、发改等部门的意见或建议。同时，深入基层，反复征求资助对象及其家庭的意见或建议；将他们所有意见或建议一起回收，分类整理，将具有参考价值的意见或建议及时纳入资助政策修订稿，最后将已修订好的资助政策文本提交县委常委会谈论通过。一旦通过，直接按照该资助政策执行，实施梯度资助，真正做到精准扶贫，精准脱贫。

第五章 | 普惠性民办幼儿园政策运行特征

第二章以当事人的角度介绍了普惠性民办幼儿园政策在 P 县运行的具体情景，笔者也做了简要的小结。先从鲜活的话语中提炼出政策运行的本土经验，再从本土经验中"淘出真金"，即对本土经验进行理论阐释，但因政策主体不同、政策客体各异、价值取向相异、政策目标不同，难以探寻到一条清晰的理论线索将当事人鲜活的话语"串"起来，笔者只能试着将这些话语背后的理论之"珠"做一次"生硬衔接"，因此，笔者首先尝试归纳、总结普惠性民办幼儿园政策运行的特征。

普惠性民办幼儿园政策自 2010 年面世后，P 县职能部门在上级政府、职能部门的正确领导下，推动政策有序运行，普惠性民办幼儿园政策紧贴地方土壤、尊重地方文化，呈现出浓郁的地域特色，同时也存在以下问题。

一、教师培训政策运行：刚性与柔性之间和谐度缺失

由于公民办教师分别隶属于体制内外两种不同的利益主体，因利益分配机制相异而导致利益主体分享的利益"量"和"质"存在差异，这在政策设计上已体现出明显的偏"公"思维。

P 县职能部门面临稀缺的资源，经过"理性"思考后按"图"索骥，机械僵化地配置资源，使资源分配严重失衡，造成一定程度的浪费。如网络研修项目，很多公办幼儿教师不欢迎这种学习方式，老年教师因年龄原因选择放弃，中青年教师存在家庭、事业等诸多矛盾，加之这种方式存在先天的缺陷：在线学习存在一定程度上的情感交流不足，因而吸引力不强，大多教师学习处于应付状态，造成资源大量闲置。

另外，一些宝贵的外出学习机会，因培训时间、内容等与一些公办幼儿教师的内在需求存在差异，加之至今体制内没有一套科学的退出机制，因而外在压力缺乏，内在动力不足，致使一些公办幼儿教师心不在焉，造成一定程度的隐形"浪费"，资源使用效率不高。

"不根据实际情况进行讨论和审察，一味盲目执行，这种单纯建立在'上级'观念上的形式主义的态度是很不对的。"[①]毛泽东同志在 20 世纪 30 年代提出的谆谆告诫，至今我们一些政策运行者置若罔闻，大量闲置的网络研修资源为何不可以在征求民办幼儿教师意见、了解他们的需求后，按一定比例分配呢？外出学习机会十分宝贵，一些公办幼儿教师根本不珍惜，造成一定程度的隐形"浪费"，为何不可以尝试将一定比例的指标分配给办园质量较好的民办幼儿教师呢？

当今，已纳入普惠行列的民办幼儿园也是普惠性学前教育公共资源，其"利益表达结构"、内部报酬结构已发生变化，最明显的表征是民办幼儿教师纳入"国培计划"，他们可享受免费培训或部分免费培训，这是对他们提供普惠产品的承诺和利益损害的一种补偿，也是对他们合理诉求的满足。

无论是网络研修还是其他学习形式都属于公共学前教育资源，政策运行者应有大教育观和教育情怀，应对辖区内普惠性学前教育资源总量做出统筹规划，在优先满足体制内所需资源后，适度调整资源分配方案，适度增加民办幼儿教师培训资源比例，即在运行的刚性与柔性之间保持适度张力，真正做到物尽其用，让县域内普惠性学前教育公共资源内部结构基本保持均衡，利益主体的利益关系基本处于均衡状态。

二、奖补资金政策运行：资源匮乏导致运行"效益流失"或运行"停滞"

资源匮乏包含两方面内涵：第一，人的欲望是无限的；第二，可用资源本身严重短缺。

P 县的客观现实是：财力吃紧，财力与公共服务能力不匹配，只能"等米下锅"，很多问题力不从心。国家投入逐年递减，"奖补"吸引力不够，致使很多民办幼儿园办学者对其缺乏信心；"普惠性"与"营利性"界限模糊：身份与行为的尴尬、"普惠"的承诺与现实存在反差；职能部门的管理仅局限于办学许可、日常行政管理，业务指导严重缺乏；县民办教育协会是一个松散的民间教育组织，缺乏组织的权威性、号召力、凝聚力；"奖补"额度小，

---

① 毛泽东. 毛泽东选集（第 1 卷）[M]. 北京：人民出版社，1991：111.

激励导向作用未凸显；年度考核、资金分配在一定程度上存在以"情"为核心的乡土文化困扰。以上这些最终导致很多民办幼儿园单打独斗，信心缺失，相互猜疑，缺乏信任。

政策运行所需资源影响政策运行效益。一般来说，政策运行所需资源主要包括人、财、物、信息、权威等，人、财、物是政策运行的必需品，信息是政策运行中相互沟通、正确决策等的前提条件，权威是政策运行中保证政令畅通、顺利推动的客观基础和前提条件。当然，资源丰富程度是相对于政策运行主体的需求而言的，资源匮乏直接影响政策运行者的运行能力，导致政策运行"效益流失"或运行"停滞"。

三、资助政策运行：关键行为的"隐蔽性""欺骗性"

建档立卡对象是刚性指标，很好识别，且不占指标；非建档立卡对象标准模糊，识别困难，且处于同一生活水平线的很多，加之一些家长思想素质不高，攀比心理严重，资助政策正面宣传和对政策对象的正面引导力度不够，一些家长或监护人认为：资助也是一种社会福利，人人都可享受。所以，一些民办幼儿园为了自身利益，为了避免矛盾激化，本来应公示资助对象名单，很多民办幼儿园却"隐蔽"操作，不敢公开，私下交流，凸显出一种回避矛盾、迎合市场求生存的无奈心理。还有一些民办幼儿园为应付上级检查，简单拍照保存照片备查，这也是"留痕"的监管手段的表征，说明检查制度设计也存在政策缺陷。

只要实实在在地——对比、筛选，耐心细致地解读政策，与政策对象亲切地沟通，应该能较为准确地甄别、遴选资助对象。只是行为成本较高，运行主体基于利己的动机、提升办事效益而一般不愿选择这种行为方式。

当然，民办幼儿园不可能自己单独创立一套临界贫困认定标准，一是本身能力限度，二是政策一定要体现国家意志，维护其权威性、统一性。

以上是政策运行主体行为耗费与政策运行效益的关系的反映。所谓政策运行主体行为耗费，是指政策运行主体在政策运行过程中所耗费的行为成本，包括脑力劳动成本、体力劳动成本和机会成本等。[①]任何一个政策运行主体都是一个"理性经济人"，都有利己的动机和对运行成本与运行效益的考量，如果循规付出成本比效益高，他可能选择违规路径；如果循规付出成本比效益低，他可能选择循规路径。同时，政策运行主体在运行中的行为成本还与政策主体运行能力、行为机会有关。若政策运行主体选择循规路径能力弱，

---

① 丁煌.政策执行阻滞机制及其防治对策——一项基于行为和制度的分析[M].北京：人民出版社，2002：106.

行为成本就高；政策运行主体行为机会不成熟，行为成本就高。

以上一些民办幼儿园的关键行为"隐蔽性""欺骗性"也是基于自己行为成本与行为效益、行为机会的思忖，最后做出的选择。

这是一项民生工程，利在当代，功在千秋，若筛选对象不准，将直接浪费公共资源，这种违规行为必须坚决予以制止。

以上三项政策在 P 县这个具体时空呈现出明显的动态运行特征，不过三者在此动态运行中凸显出一个共同特征：以"情"为核心构成的非制度性因素正在隐形地影响政策的运行效益。一些人在日常生活中基于利己的动机往往利用各种手段、各种机会来构建有利于自己生存的社会关系网络，在关系网络中以利益交换为载体来达成情感交流、结成或固化关系网络；同时，因他们在关系网络中资源掌握"量"的多少、"质"的优劣不同而表征为权力、地位、声望等资源分配上的差异，从而在关系网络中形成"差序格局"。民办幼儿园处于众多公办园环绕、民办幼儿园群体各自基于不同的利益诉求而组织和协调成本不断攀升的"同质化"集体，每一位民办幼儿园办学者都不同程度地面临生存压力，而政府作为社会资源的管理者和分配者，掌握着办园资质的审核、认定，年度审核及结果的评定，师资的免费培训，硬件设施的经费补贴等权力和资源，政策运行主体的专业水平和道德水平，是否存在异化现象？一些民办幼儿园办学者为使自己的利益最大化往往会利用一些机会给某些运行主体以利益诱惑，以固化自己的既得利益或寻求新的利益表达结构，诸如年度审核等级的最终决策，奖补资金的审核、发放，教师参加"国培计划"，同一标准资助对象的最后遴选，等等。资源严重短缺，政策客体多，且一些政策对象欲望无限，往往话语权掌握者的个体偏好会影响评价的公正、公平和利益分配的公开、透明。如极少数民办幼儿教师外出参加国培，因没有健全的遴选机制，资源的分配者基于个人情感而"暗中操作"。更严重的是，个别教育局原领导在一些民办幼儿园存在"利益表达的特殊渠道和方式"[①]，构成一个利益链，不可避免地存在利益偏向而影响政策运行的公正性、公平性，尽管后来被查处，但负面影响至今仍未完全消除。所以，以"情"为核心的社会关系网络会隐形弱化政策运行效益，慢慢扭曲政策运行方向，渐渐腐蚀人际关系。作为政策运行主体的地方政府应加强政策运行环节的监管、时刻倾听政策目标群体的意见、建议，以不断改进政策运行方式，不断提升政策运行效益。

---

① [美]加布里埃尔·A. 阿尔蒙德，小 G·宾厄姆. 鲍威尔. 比较政治学：体系、过程和政策[M]. 曹沛霖，郑世平，公婷，陈峰，译. 上海：上海译文出版社，1987：229.

第六章 | 普惠性民办幼儿园政策
运行访谈提纲与访谈案例

笔者选择 P 县作为研究普惠性民办园政策运行的具体空间，采用民族志方法来搜集资料，而民族志侧重于通过参与观察、深度访谈来获取相关资料。这里侧重通过深度访谈来搜集亲历者的口述资料。访谈首先拟定访谈大纲，再进行访谈。无论是访谈提纲还是访谈案例，都是前期搜集资料的必要手段，也是前期研究过程的重要组成部分。它们对于后面政策运行现状的成因剖析、运行机制建构、运行特征归纳均有重要的奠基作用。笔者大体将访谈对象分为两类：教育工作者、家长及监护人。下面分两节来具体分析。

第一节　教育工作者的访谈提纲与访谈案例

因普惠性民办幼儿园政策是一组政策，即教师培训政策、奖补资金政策、资助政策，政策主体多，政策客体多，涉及面广，情况复杂，鉴于如此情景，笔者决定首先选择民办幼儿园长作为访谈对象。

一、访谈民办幼儿园园长

笔者先设计一个访谈提纲，访谈时大致遵循访谈提纲实施访谈。访谈提纲如下：

受访者：

单位：

时间：

地点：

开场简要介绍：

非常感谢您能在繁忙的工作中接受我的采访！首先请允许我简单地介绍一下本次活动我准备做的几件事。

（一）访谈目的：普惠性民办幼儿园政策运行中存在哪些问题？针对这些问题笔者尝试提出一些建议，以利于不断完善政策文本，让政策释放出更好的社会效益。

（二）访谈内容等将以问题形式呈现。

（三）个人恳求：为了全面获得真实信息，我们交流的内容将会被全程录音，访谈结束后我就会整理录音资料，将录音资料"全文复制"，并将录音转为文字后，再请您直接审阅，或在您方便时我阅读给您听，这可能存在不够清楚或误解之处，还请您多指教。以上一些录音资料一旦引入笔者的毕业论文或调研报告，凡是涉及的人名、地名都用大写拼音字母代替，请绝对放心！我们交流的内容绝对保密！

访谈主要内容：

（一）您如何理解"普惠性幼儿园"这一概念？

（二）普惠性民办幼儿园政策已落实到何种层面？

（三）奖补资金政策运行情况如何？

（四）"三儿"资助政策运行情况如何？

（五）教师培训政策运行情况如何？

（六）针对普惠性民办幼儿园政策运行现状，您还有哪些建议呢？

再次感谢您牺牲宝贵的时间分享您对普惠性民办幼儿园政策运行现状的理解，且让我聆听到您办园的有趣故事，再次深表谢意！今后若我有不清楚之处可能还会请教您，万望您不吝赐教！另外，我们交流的所有内容绝对保密，也请您放心！

访谈案例 1：

访谈 S 省 S 市 P 县 CC 镇 BJL 幼儿园园长 YBW：

时间：2017 年 4 月 17 日 15:42

地点：BJL 幼儿园园长办公室

人物：园长 YBW

问：Y 园长，您对"普惠性幼儿园"这一概念是如何理解的？

答：我个人认为国家政策越来越好，现在看来这个概念是模糊的，对具体内涵不了解。

问：普惠性民办幼儿园政策落实到哪个层面？

答：有两个文件，第一个是每个小朋友补助500元；另一个是教育经费补助，包括教育经费开支、房租减免、教师培训、设施设备等共4万多元。根据前一年年审和平时抽查情况来分配补助资金。去年教育局组织了园长培训，车费由教育局买单，其余自费。教师培训基本上一年一次。

问：奖补资金政策运行情况如何？

答：最早按幼儿人数分配，当时是人均49元钱，那是我们才100多个幼儿。2016年我们扩建了幼儿园，这一项单独补助5万多，其他项目补助2万多，一共7万多元。2017年1万多元，2018年就没有了。

问：针对奖补资金政策目前运行现状，您有哪些建议呢？

答：奖补资金越多越好，资金分配合理合法，要严格要求，严格把关。如县城外国语学校采用AAA项目（"AAA"项目即"PPP"项目，就是公民合作项目——笔者注），每年20万~30万。当时教育体育局叫我们申报，后来没去申报，现在很后悔！另外，奖补资金发放应根据幼儿园资金投入量来奖补。

Y园长，今天我们交流时间也较久了，暂时就不影响您工作了，今后有疑惑我再请教您，好吗？

好，再见！

时间：2017年9月25日9:30

地点：BJL幼儿园园长办公室

人物：园长YBW

问："三儿"资助政策运行情况如何？

答：学生多，名额少，500多元，45个名额，给转转（"给转转"即轮流享受——笔者注），不敢大胆公示，只能在小范围内公示，主要是一些家长攀比心理严重，没得到资助的个别家长到处"生事"，会引发家长之间、家园之间诸多矛盾。

关于资助对象遴选，我们一般是筛选摸底，当面交流、沟通，还通过邻居了解，100%精准不可能，观察长期生活状况，实地考察。因本身临界贫困标准不够准确，不好操作。

有些高消费幼儿园，为什么也分配同样的资助指标？即使给，名额可少一些。我们幼儿园名额太少，有些资助对象无法得到资助，在我们这里哭，我自掏腰包给人家解决。

JG 幼儿园、CC 幼儿园娃娃少，（"娃娃少"指享受资助的幼儿少——笔者注），估到（"估到"即强行——笔者注）把钱分给下去，我们资助对象多，指标少，给不够，对特别困难的幼儿，我们免了学费。

问：关于资助政策运行，您还有哪些好的建议呢？

答：资助标准 500 元有点低，资助标准可以稍微调高一点，特别贫困家庭幼儿也许要好一些。资助名额分配不够，希望政府加大贫困基金扶持力度。

Y 园长，今天关于资助政策的话题我们交流得很愉快！我也收集了大量信息，谢谢您！耽误您工作了，我们的交流暂时到此，我如有问题再请教您，好吗？

好，再见！

时间：2019 年 3 月 20 日 16:45
地点：BJL 幼儿园园长办公室
人物：园长 YBW

问：教师培训政策运行情况如何？您参加了国培吗？

答：国培就是免费教师培训，从来没有，听说极个别民办幼儿教师参加过这种培训，DS 镇个别私立幼儿园有这种情况。我们 2010 年创办幼儿园，以前参加过县内组织的 1～2 次免费培训，培训内容主要是一些幼儿园安全管理、职业道德等，教师专业知识培训几乎没有。我们都是自费出去培训，遴选一两家商业培训机构，根据其培训主题来决定我们是否参与，或决定谁参与。通过自己逐步摸索，与几家商业培训机构长期合作。从培训效果来看，自我感觉还可以，老师学习返园后大家集体研讨，也许效果会更好。

问：鉴于目前教师培训政策运行情景，您还有何建议？

答：公办幼儿教师一年有 2 次国培机会，希望也给我们民办幼儿教师 1 次机会，哪怕轮流转也可以，一年 1 次机会，或 2～3 年 1 次机会都好。公办幼儿教师年年都有国培机会，不过她们中有些人不知珍惜，我们很珍惜，却没机会。我们每次出去学习，笔记写几大本，因为机会难得，私立幼儿园靠这个生存，且幼儿园是高风险行业。

请专家来授课，公民办教师一起听，这样可以降低培训成本，拓宽受益面，大家都受益。关于这个问题，我给相关部门领导提过多次，但一直没有回音。

有时我们几个民办幼儿园园长一起交流，大家都感觉民办幼儿园与公办幼儿园享受的待遇不同。连国培计划我们都很少或没参与过，一切只能靠自己拼搏。是否可适度增加民办幼儿教师免费培训比例和培训机会呢？这是我们民办幼儿园最需要的、最关心的事，这比直接拿钱给我们更有价值。

好，今天我们交流暂时到此为止，好吗？我还有很多疑惑，可能还要请教您，届时请您拨冗回复我，好吗？您今天能接受我的访谈，我在此表示真诚的谢意！好，再见！

访谈民办幼儿园园长后，笔者获得了相关信息。为了进一步核实相关信息，我又请教了公办幼儿园园长，听听她们的真实声音，再来遴选信息、甄别信息。

二、访谈公办幼儿园园长

为了提高访谈的针对性和实效性，我们必须先初步拟定一个访谈大纲，然后基本遵循访谈提纲进行访谈。

访谈提纲如下：

访谈对象：

工作单位：

访谈日期：

访谈地点：

开场简要介绍：

非常感谢您能拨冗前来接受我的采访！不过本次采访我有三个小小的请求，请允许我提前告知您，好吗？

（一）访谈目的：弄清普惠性民办幼儿园政策运行中到底存在哪些问题，针对这些问题，笔者试着提出一些不够成熟的建议，供政策主体参考，以不断完善政策文本，推动政策有效运行。

（二）访谈内容将以问题形式呈现。

（三）为了追求访谈的质量，获得真实信息，还原学术本性，我准备全程记录我们的交流内容，即全程录音，不知妥否？访谈结束后我会很快将录音全部转换成文字，转换成文字后还须请您审阅，看看其中是否存在误解或漏记。我可能不够理解个别方言，还请您具体阐释；如果您工作繁忙，等您方便时我读给您听，如何？或直接发到您邮箱，您方便时浏览，好吗？请您帮我把好关，以利于改正记录错误。录音材料一旦引入我的毕业论文或调研报告，凡是人名、地名一律用大写拼音字母代替，所以，请您绝对放心，我们所有交流内容绝对保密。

主要访谈内容：

（一）您如何理解"普惠性幼儿园"这一概念？

（二）普惠性民办幼儿园政策已经落实到哪些层面？

（三）"三儿"资助政策运行情况如何？

（四）教师培训政策运行情况如何？

（五）针对目前普惠性民办幼儿园政策运行现状，您还有哪些建议呢？

再次感谢您能牺牲宝贵的时间让我聆听您对普惠性民办幼儿园政策的独到解读以及对该政策在P县域内运行现状的精辟见解；同时，也分享了您作为园长在工作中的烦恼和快乐。今天的访谈也许浪费了您宝贵的时光，影响您的正常工作，再次深表谢意！今后若我还有一些疑惑可能还会请教您，万望您多多指教，谢谢！另外，我们交流的所有内容绝对保密，也请您绝对放心！

访谈案例2：

访谈S省S市P县CC镇CC幼儿园园长DL：

时间：2017年4月18日8:38

地点：CC幼儿园园长办公室

人物：园长DL

问：D园长，您对"普惠性幼儿园"这一概念是如何理解的？

答：在我看来首先是收费低，相对高端幼儿园而言，面向大众（主要是中低收入水平的人群），让人民得到最大实惠的幼儿园。

问：普惠性幼儿园政策有哪些具体内容呢？

答：具体不清楚，好像有"三儿"资助、教师培训。

问：教师、园长培训情况如何？

答：国培分配名额，有园长、教师培训，我们园培训已结束，下面乡镇培训可能还没结束。幼儿老师培训第一轮人均一次机会都没有，培训至今也没结束。我们园自己有培训计划，培训后老师们的责任感、使命感有所增强，我们很多培训都是自己买单。国培模式：理论＋跟岗培训＋现场观摩，方式也很好，培训后关键是自己领悟，学以致用，我们要求培训老师回来"复制课程"，感觉理论太深，不适用。

问：您现在的困惑是什么？

答：真正的困惑是无时间安静地学习。专业成长靠不断自我学习，原来做老师只是把班上的事做好就行了，现在当了领导，事情烦琐，很多时间自己无法控制，不好把握，外单位、上级部门、园内事情很多，尤其是事务性工作太多，如县级一些部门的各类检查、资料太多，所以真正用于自己业务学习的时间非常有限。

问：鉴于目前县域内幼儿教师、园长培训现象，您有哪些建议？

答：现在社会上商业培训机构很多，培训质量良莠不齐。政府应颁布培训机构准入标准和退出标准，实行动态监管。更重要的是加大、加快培训幼儿教师，尤其是加大公办幼儿教师培训力度，学前教育公益性的重任最终还是要靠大量公办幼儿园来承担。地方政府应加大对各乡镇小学附属幼儿园的投资力度和对这些幼儿教师的培训力度，基层学校附属幼儿园问题很多，主要是师资，这一块解决了，很多问题就迎刃而解了。

D 园长，今天，我们交流很愉快！交流也这么久了，也许影响了您工作，我们暂时到此为止，好吗？我若有疑惑再请教您，好吗？

好，再见！

时间：2017 年 9 月 24 日 9:40
地点：CC 幼儿园园长办公室
人物：园长 DL
问："三儿"资助政策运行中存在哪些问题？

答：总的印象和困惑好像是方方面面标准不够清晰，有些好像没落实到真正需要帮助的人。没有一个确定的标准，好像只有一个大概，临界贫困标准不好掌握。上半年 500 元钱给一个人，下半年 500 元钱给另一个人，原因在于资助对象多，资助指标少。

问：目前"三儿"资助政策存在一些问题，你觉得应如何解决呢？

答：首先，国家应制定出较权威的贫困认定标准，尤其是临界贫困标准，这样基层才好精准识别资助对象。资助标准也要调整，贫困程度不一样，但人人都是 500 元，精准扶贫体现不足。

D 园长，您公务繁忙，今天，我们交流也这么久了，就不再打扰您工作了，暂时告一段落，好吗？我如有问题再请教您好吗？

好，再见！

时间：2019 年 3 月 13 日 10:30
地点：CC 幼儿园园长办公室
人物：园长 DL
问：教师或园长培训存在哪些问题呢？

答：外出培训有跟岗实习环节，时间不足一周，参训教师无法深入，很多国培没有跟岗实习项目，个别负责的园长把自己的理念与大家分享，一般园长只是让你看环创。

国培指标少，指标分到下面就更少了。网络研修这种学习方式在很大程度上流于形式，很多教师点开视频就做其他事了，很多教师学习只是迫于外在压力，根本没有内在动力。

国培没有一个相对完整的培训内容体系，纯粹是零碎知识，轮训下来几年才一次，各位受训者学习内容不同，学习的都是零散的知识碎片，无法形成一个知识板块。

问：鉴于今天国培、非国培存在诸多问题，您觉得如何解决呢？

答：同一层次幼儿园集中在一起找问题，培训老师提前告知大家集中研讨哪几个问题，指定几位老师发言，便于指定教师集中思考、研究，将任务分配给大家，直接指定任务责任人，也许比任务对象不清效果要好一些。另外，要想彻底改变这种情况，领导是关键，真正起决定作用，如果他们观念不转变，效果也许仍然不佳。

国培、非国培受训教师没选择的机会和权利，面广，人口、地域也不同，应分地域、分层次来进行培训；同时要实地调研，由一个团体固定来做，有针对性或诊断性地发现问题、解决问题。

D园长，我们今天交流时间也很久了，大家也许都疲倦了，暂时告一段落，好吗？我回去梳理资料，肯定还有诸多疑惑，可能还要请教您，届时望您多指导，谢谢！

从上述与园长的交流可知，教师参与国培机会少，连县城最好的公办幼儿园，如CC镇CC幼儿园的幼儿教师参加国培人均一次机会都没有。采集的信息是否属实呢？我还要再请教职能部门相关人员，也许答案就更清晰了。

三、访谈县师培中心主任TCM

为了提升访谈质量，笔者必须先拟定一个简单的访谈大纲，以便于克服访谈的随意性，这样就容易达成访谈目标。

访谈大纲如下：

受访对象：

工作单位：

访谈时间：

访谈地点：

开场简要介绍：

非常感谢您在百忙之中抽出时间接受我的访谈邀请！首先请允许我提前告知我们交流中我准备做的三件事，好吗？

（一）访谈目的：了解你们县域内幼儿教师政策运行情况，以利于我从总体上把握情况，进而具体分析。

（二）访谈内容将会以问题形式呈现于后。

（三）为了提升交流质量，收获真实信息，发现真正的问题，我们交流全程将会录音，这首先要征求您的同意，这也是学术道德的表现。录音资料需要还原成文字，转换成文字后还请您审阅，看看是否存在错误或不足。如果您工作繁忙，您方便时我读给您听，如何？请您指出问题，便于我纠正。不过这些文字资料一旦纳入我的毕业论文或调研报告，凡是涉及人名、地名均用大写拼音字母代替。我们交流的内容绝对保密，请您放心！

主要访谈内容：

（一）教师培训政策运行情况如何？

（二）针对目前教师培训政策运行现状，您还有哪些建议呢？

再次感谢您拨冗给予我悉心指导！同时，分享您作为师培中心主任的一些"经典"故事。今天的交流耽误了您宝贵的时间，影响了您的正常工作，再次表示感谢！我返校后将梳理相关资料，可能还会存在一些疑惑，届时可能还会请教您，还请您多多指导，谢谢！

访谈案例3：

访谈S省S市P县师资培训中心主任TCM：

时间：2017年9月25日15：30

地点：师培中心主任办公室

人物：主任TCM

问：你们师培中心幼儿教师培训情况如何？

答：我们县公办幼儿教师都是在外地培训，民办幼儿教师培训是幼儿园自己的事情，幼儿园自己决定、选择一些商业培训机构。2014年，我们举办了唯一一次"改教匠"培训（"改教匠"即转岗教师——笔者注），集中面授，再去县城两所公办幼儿园跟岗实践。

我们纯粹是一个办事机构，师资培训资源配置权在教育体育局人事股手里。他们主要委托我们培训义务教育阶段教师、干部，所以我们的工作重心就在这里。幼师培训功能弱化。

问：你们作为教师培训专业机构，面对培训功能结构性失衡的情况，如何改变呢？

答：最关键的是政府加大投入，没钱的话很多事情"有心无力"。我们县是国家级贫困县、农业大县、人口大县、革命老区，财政运转靠中央财政转移支付，所以幼师培训经费自然紧张。将有限的培训经费使用效益最大化，是否可以尝试请外面的专家送教下乡，尽量增加受训者，选择一个比较宽阔的场地，广泛宣传，让那些愿意来学习的幼儿教师都能享受这种免费培训待遇。这样大家都受益，何乐而不为？

T主任，感谢您能在百忙中给予我真诚的帮助！细心地解答我的一些疑惑。我们交流时间也比较长了，影响了您的工作，暂时到此为止，好吗？我如还有一些疑惑，届时还要请教您，希望您多指导，谢谢！

好，再见！

时间：2019年3月25日10:30
地点：师培中心主任办公室
人物：主任TCM

问：目前教师培训还存在哪些问题呢？

答：网络研修的学习指标由我们负责分配，但一些乡镇学校网络条件达不到，无法实施。一些网络条件具备的乡镇学校，亟须提高的老年教师没内在动力，注册后就让校内几个年轻教师帮他学习。另外，这种学习方式不利于教师与学生之间的情感互动，年轻教师也不欢迎，很多教师纯粹应付。为了完成学时，极个别学校分管领导或年轻教师帮一些老教师学习。这样一来，亟须提升的教师根本没学习，也浪费了宝贵的学习资源。

问：鉴于这种情况，你觉得应采取哪些举措来加以改进？

答：首先，国家或地方政府对参训教师要有一套比较科学的激励或惩戒举措。没压力，就没动力。假如学习结束后严格考核，给予个别优秀者颁发荣誉证书或奖励一个职称指标，或将考核成绩作为评职称的一个硬性指标，这样老师自然就会有动力。

另外，改进培训方式，如网络研修本身存在致命的缺点——"时空分离"，施训者与受训者之间无法及时沟通，缺乏一种积极的情感支持，学习者自然缺乏持续学习的动力。是否可以尝试现场教学呢？即还原成送教下乡培训模式，如何？

T主任，首先感谢您热情地接待我，访谈过程很顺利，我收获满满！您一向公务繁忙，今天我们交流是否可以到此为止呢？我返回后整理资料，肯定会有诸多疑惑，届时可能还要请教您，请您不要嫌我啰唆，谢谢，再见！

笔者聆听了两位园长关于资助政策的一些情况，还存在一些疑惑，所以必须再请教职能部门的工作人员，这样一来，疑惑也许会渐渐消除。

四、访谈教育体育局计财股副股长 ZXG

为了进一步了解资助政策运行情况，解除一些疑惑，笔者决定访谈教育体育局计财股主管资助工作的副股长 ZXG。为提高访谈效率，先初步拟定一个访谈大纲，以便于有序、有效地访谈。

访谈大纲如下：

访谈对象：

工作单位：

受访时间：

访谈地点：

开场简要介绍：

非常感谢您在百忙中能接受我的访谈！请先允许我陈述我在访谈中将要做的几件事：

（一）访谈目的：了解资助政策运行现状，便于搜集资料，发现问题；同时，核实相关信息，尝试提出不太成熟的建议，供政策主体参考，以完善政策文本，推动政策有效运行。

（二）访谈内容将会以问题形式罗列于后。

（三）为了搜集的信息全面、准确、真实，我将对我们交流全程进行录音，这首先要征求您的意见，录音会转换成文字，录音转为文字资料后还请您过目，审视其是否还存在不足以便纠正；若您公务繁忙，我可以发到您的邮箱，您方便时浏览，如何？凡是引入我的论文或调研报告的人名、地名一律进行技术处理，即用大写拼音字母代替。我们交流的内容绝对保密，请您放心！

主要访谈内容：

（一）资助政策运行情况如何？

（二）针对县域内资助政策运行现状，你觉得还有哪些地方值得改进呢？

再次感谢您能牺牲一些宝贵时间，为我细心解答，我有一种豁然开朗之感。其间，我分享了您工作中的点点滴滴，谢谢您的信任！也许今天的交流耽误了您宝贵的时间，影响了您的正常工作，再次表示感谢！我返回后梳理相关资料，可能存在一些疑惑，我届时可能还会请教您，万望您多多指导，谢谢！

访谈案例4：

访谈 S 省 S 市 P 县教育体育局计财股副股长 ZXG：

时间：2017 年 9 月 28 日 16:30

地点：计财股办公室

人物：计财股副股长 ZXG

问：资助政策运行情况如何？

答：我们严格按文件执行，先解决精准扶贫对象，再解决非精准扶贫对象。精准扶贫对象据实减免，非精准扶贫对象每期每生 500 元。县城、乡镇、村、社区幼儿都能享受，资助标准都一样。资助比例基本上放在学校里，校际差异不大。

问：还存在哪些问题？

答：非精准扶贫对象资助标准都是 500 元，有人说：这一群体结构复杂，来源广泛，致贫原因不同，贫困程度不同，用一个标准来衡量所有对象，显得不够公平。如果我们要对此进行一定程度的调整，也许难度较大。

问：鉴于这种情况，是否有改进措施？

答：国家相关部门要出台一套比较科学的贫困认定标准，尤其是临界贫困认定标准，否则我们基层一线工作人员对资助对象的识别存在一些难度。至于精准不精准，不好言说，因为这些具体工作都是各个学校在操作，我们不知道，我们只是按照下面提供的方案，严格审核、公示，最后公示无异议则直接交财政局审核。他们审核后，我们就直接将钱打在幼儿邮政储蓄银行卡上。

Z 股长，非常感谢您能给予我悉心指导！可能影响了您手头的工作，你们部门一向工作繁忙，时间紧，要求高，我们今天交流到此为止，好吗？如有疑惑，我再请教您，好吗？

好，再见！

时间：2019 年 3 月 22 日 10:40

地点：计财股办公室

人物：计财股副股长 ZXG

问：现在资助政策运行情况如何？

答：原有资助政策继续执行，又增加了一项教育扶贫、卫生扶贫政策，即 S 省财政厅、S 省教育厅、S 省卫生和计划生育委员会于 2016 年 9 月 20 日联合下发的《关于印〈设立县级教育和卫生扶贫救助基金的总体方案〉的通知》（C 财教〔2016〕38 号）。根据这一教育扶贫政策，省、市拨了一点启动基金，后面就是县财政的事了。这一政策推动很难，原因在于上面只是出政策，下面自己拿钱来执行。我们是国家级贫困县、农业大县、人口大县、革命老区，财力受限，力不从心。

问：资助政策还存在哪些问题？

答：还是非精准扶贫对象的资助标准一样，没体现精准扶贫，非精准扶贫对象识别存在一些难度。

问：面对这一问题，我们如何解决？

答：国家相关部门要拿出比较权威的贫困对象认定标准，特别是临界贫困认定标准。这是一个最根本的问题。这一问题不解决，资助标准的确立、资助对象的识别仍存在一定难度。

Z股长，感谢您与我分享您对资助政策及其运行情况的独到解读，我们的交流影响了您的工作，就不打扰您了。如有疑惑，我再请教您，好吗？谢谢！

第二节　家长、监护人的访谈提纲与访谈案例

幼儿的家长、监护人是资助政策的直接消费者、受益者，资助政策运行情况如何？也许他们能反映出诸多真实信息。为了获取有用信息，我们设计了一套搜集资料的工具，即访谈提纲，它是获取信息的一种手段。笔者将访谈对象分为幼儿家长、监护人，首先从家长方面了解相关信息。

一、访谈家长

为了增强访谈的实效性，我们必须先拟定一个访谈大纲。

访谈提纲如下：

受访对象：

家庭住址：

访谈时间：

访谈地点：

开场简要介绍：

非常感谢您能牺牲宝贵的时间与我交流有关资助政策的情况，我首先交代一下我将会在采访中做的几件事。

（一）访谈目的：了解资助政策运行，仅作为学术研究所应搜集的资料之一。

（二）为了获取真实、客观、全面、深入的信息，我将会对我们交流的内容进行全程录音，访谈结束后尽快将录音资料转换成文字，这需要征求您的意见，您同意后方可实施。不过请您放心，录音资料转换成文字后，我还要

请您审视，以检验是否有错；若您不方便，我会直接发到您邮箱，您在方便时再浏览，敬请您多提出宝贵意见或建议。这样做是学术伦理的体现，必须尊重访谈对象，对其交流内容一律严格保密。凡是纳入我的毕业论文或调研报告的人名、地名一律进行技术处理，即用大写拼音字母代替。所以，请你放心，我们交流的内容绝对保密！

（三）访谈内容将会以问题形式呈现于后。

主要访谈内容：

（一）资助政策运行情况如何？

（二）你觉得目前资助政策运行现状还有哪些地方值得改进呢？

再次感谢您拨冗与我分享您关于资助政策的见解！我们的交流影响了您的工作，再次表示感谢！若有疑惑我可能还会请教您，望您多指教，谢谢！

访谈案例 1：

访谈 S 省 S 市 P 县 CC 镇 GJ 幼儿园中班 LBB 家长 LXD：

时间：2017 年 9 月 29 日 16：50

地点：LXD 家电门市部

人物：家长 LXD

问：L 师傅，请您简要介绍一下您的家庭情况好吗？

答：说来惭愧，我是"90 后"，读书时很贪玩。因我是家里唯一的男孩，父母很溺爱我，这在一定程度上纵容了我。当时我总想出去挣钱，以为外面的钱很好挣。我初中毕业没考上县城普通高中，分数比较低，只能读职高，入学时我选择了家电维修专业，第五学期后去了 G 省一家外资企业实习。在那里认识了我原来的爱人，当时她与我在一个车间，我们一起上班、下班，偶尔出去走走，假期出去聚聚，这样逐渐产生了感情，后来直接住在了一起，大约一年后，我们就回来结婚了。

她是外省人，可能对我们家乡的生活习俗暂时不太适应。后来她怀孕了，就在家待产，而我就出去务工。因家里经济压力大，生活环境不如城市，诸如洗澡、外出等很不方便，偏僻的农村人烟稀少，交流对象很少，加之她是外地人，语言交流存在一些障碍，生活方面不太适应，所以，大约半年后，她要求出去务工。她没与我在一个工厂，而是到了一家皮鞋厂，因长时间分居，可能还有其他原因吧，她与别人走到了一起。返家后，我立即在县城购买了一套住房，离 GJ 幼儿园很近，我的小孩属于这所幼儿园服务范围内的

127

对象，所以她就近入学了。

问：听说你的小孩 LBB 享受了资助政策，是吗？

答：是的，她属于留守儿童和单亲家庭孩子。有时指标没用完，老师会考虑她。其实我们家生活基本没问题，所以我从来没有去争取过，但上一学期，班主任老师主动告知我，叫我填表申请，我说：可能还有比我们家庭更困难的儿童，就先解决他们吧！班主任老师听后很感动！这一学期有指标，班主任老师就考虑她了，我很感动，也很感激！

问：您觉得资助政策还存在哪些问题？

答：资助对象遴选存在难度，因贫困标准不好掌握，不像精准扶贫对象条件是刚性的，且有当地政府认定的扶贫手册，这样便于识别。临近贫困对象太多，生活水平几乎差不多，所以不好确定，老师很为难！还有就是极个别家长主动要资助，极个别老师也有遴选不准的情况，原因在于客观标准不好掌握，也有优亲厚友的情况。

L 师傅，今天顾客等了您很久，我就不耽误您做生意了。我有问题再请教您，好吗？

好，再见！

时间：2019 年 3 月 26 日 15:50

地点：LXD 家电门市部

人物：家长 LXD

问：L 师傅，你家小孩还在享受资助政策吗？

答：早就没有了。只有一次机会，后来班主任老师主动叫我申请，我都婉言谢绝了。可能还有更多比我们家庭更困难的儿童，他们更需要社会的关爱、帮助。

问：你觉得现在资助政策运行中还存在哪些问题？

答：国家相关部门没有制定一套科学的贫困认定标准，尤其是临界贫困认定标准，非精准扶贫对象多，一些家长存在攀比心理，很多家长主动去争取资助，这也许是一种不太正常的现象。希望相关部门加强引导，更重要的是树立其生活的信心，让他们学习一些生存技能，光靠给钱扶贫肯定不行。还是要增强其造血功能，您说呢？

L 师傅，今天交流时间较长，可能影响您做生意了，若有问题再请教您，好吗？再次感谢您的帮助！

好，再见！

二、访谈监护人

监护人承担了抚养幼儿的全部责任，家园合作的一些活动，他们一般会积极参与，他们对资助政策应该是比较了解的。从他们那里可以获取一些有用的信息，以便核实、丰富相关资料。为了通过访谈获得相关资料，我们先拟定一份访谈大纲，以便于提高访谈效率。

访谈提纲如下：

访谈对象：

家庭住址：

访谈时间：

访谈地点：

开场简要介绍：

非常感谢您能牺牲宝贵的时间接受我的采访！首先，请允许我陈述一下我们交流中将要做的几件事：

（一）访谈目的：了解资助政策运行现状，仅限于学术研究。

（二）访谈内容将会以问题形式呈现于后。

（三）为了获得准确、全面的信息，我可能要对我们交流过程进行全程录音，不知您是否同意？因为单凭手记录肯定不行，我没学速记法。录音转换成文字后，还要请您审查，检查是否存在错误；如您很忙，我就发到您邮箱或微信，您方便时再审阅，好吗？请放心，凡是引入我的论文或调研报告的人名、地名一律用大写拼音字母代替。交流内容绝对保密，这是基本的学术道德。

主要访谈内容：

（一）资助政策运行情况如何？

（二）你觉得目前资助政策还有哪些地方可以完善呢？

再次感谢您拨冗前来与我分享您对资助政策及其运行现状的见解！其间我们也交流了一些有趣的故事，我将会永记于心，绝对保密！我们的交流影响了您的工作，再次表示感谢！我若有疑惑可能还要请教您，望您多指教，谢谢！

访谈案例2：

访谈S省S市P县SF镇XX幼儿园大班学生WD的监护人WXT：

时间：2017 年 4 月 20 日 20:00

地点：WXT 老师家里

人物：WXT 老师

问：W 老师，您是 WD 的爷爷，曾经也做过几十年的教师，现在已在家安享晚年，WD 的生活、学习都由您负责，请您简单介绍一下 WD 的情况，好吗？

答：哎！自己从教几十年，自己的儿女没有从读书这条路走出去，很惭愧啊！WD 刚一岁多一点，他父母就外出务工了，后来他的母亲与人家私奔了，我儿子当时也没在意她的行踪，出现这种情况，真是……他们是在外面务工相识的，没履行结婚手续，没法律依据，无法通过法律程序解决，只好放弃。我儿子一直在外面挣钱，小孩自然放在我这里，我和老伴一起做好监护工作，让儿子在外面安心挣钱，看是否能重新组建一个家庭，这也是做父母的一辈子的牵挂。从他母亲离开至今已经 4 年多了，我们一直在尽职尽责抚养、教育他，由于缺乏母爱，我们尽量通过其他方法弥补。

问：WD 在幼儿园学习、生活情况如何？

答：据我观察，他反应力、记忆力较好，对学习有兴趣，老师一直比较关注他，叫他做一些事情，锻炼锻炼嘛！

问：听说他也享受了一些经济的补贴，是吗？具体情况如何？

答：我们家也许不是最困难的，至少吃饭没多大问题，但是他现在是单亲家庭孩子，尽管不是孤儿，还是有很多具体困难。我们一天天老去，他一天天长大，生活、学习、零用上的花费比较大，他的表现、学习成绩都比较好，所以老师考虑后也给了他一个名额，具体资助金额好像是每一学期 500 元，按理说，只有孤儿、残疾儿童、家庭经济困难儿童才可以享受，从政策上讲，他是没资格享受的，但他本身表现好，加上有多余的名额，所以老师最后考虑了他，我们很感激！不过也只享受了一次，也好！

问：具体资金运行方式如何？

答：是以 WD 的名字办一张邮政储蓄卡，直接打在卡上。现在好像还是这样吧！听说现在属于精准扶贫对象的，直接免缴相应费用。

W 老师，今天我们的交流很顺利，我很高兴！时间很晚了，就不打扰你们休息了，我若有疑惑再请教您，好吗？

好，再见！

时间：2017 年 9 月 26 日 10:55

地点：WXT 老师家里

人物：WXT 老师

问：WD 现在享受这种补助吗？

答：没有了，因为名额有限，不能给老师太大压力，必须严格按照标准执行，都有难度，要理解人家嘛。

问：您对此有何看法？

答：应该说没多大意见，因为在政策边缘，人家考虑了你，也不容易，人要懂道理。

W 老师，现在临近中午了，您也要准备吃午饭了，就不影响你们了。以后有问题，再请教您，好吗？

好，再见！

时间：2019 年 3 月 20 日 14:20

地点：WXT 老师家里

人物：WXT 老师

问：您觉得这一政策是否真正将扶贫扶在"根"上？

答：有一些是，还有一些不一定。名额分配下来后，有些名额用不完，怎么办？再考虑条件接近的幼儿，下面又不敢浪费名额，你用不完，上级说：你们那里没贫困户，这样以后名额就少了。谁会浪费宝贵的机会呢？

问：你觉得这一政策还有哪些不够完善之处呢？

答：政策文本可能有些模糊，执行时也许有些机械。比如 2014 年，当地政府界定贫困户是人均纯收入 2 736 元，2015 年是 2 855 元，2016 年是 3 100 元，2017 年是 3 300 元，请问：假如某一户超过这一标准一元钱就不是贫困户了？这一标准是否有科学根据？下面执行政策的人不好掌握标准，也不敢浪费指标，尽力做好工作，尽量不惹矛盾，大家都怕出问题，你说是吧？

问：您还有哪些建议呢？

答：对贫困标准的划分尽量做到客观、科学，应广泛调研，走群众路线，严格追责。听说一些乡村干部与个别贫困户一起联合套用国家的钱，这应严格追究责任。还应建立严格的审计制度，欢迎基层群众随时举报，对举报人信息严格保密，并考虑给予一定的奖励。你看这样如何呢？这些都是我个人的观点，很不成熟，仅作为参考。

W老师，您马上要外出办事，我就不影响您办事了。若有问题再请教您，好吗？感谢您给我提供了很好的学习机会，再次深表谢意！

好，再见！

总之，无论是访谈提纲还是访谈案例，都是通过访谈获取信息、搜集资料的一种重要手段。访谈提纲是访谈者的"心中蓝图"，访谈案例是访谈者与受访者的心路历程的真实记录，即"全文复制"录音资料。这样有利于访谈者后续梳理信息、遴选信息、甄别信息。访谈，尤其是深度访谈，是田野考察、获取第一手资料的重要手段，也是研究者收集相关信息的重要途径。

结　语

　　"普惠性民办幼儿园"这一概念存在学术争议，从学界的争论到官方的认可也经过了一段时间，它是对民办幼儿园的一种分类，并赋予其相应的社会功能。"普惠性民办幼儿园政策"是在政府整合普惠性学前教育资源来提供普惠性学前教育服务这一特殊社会背景下诞生的一项权宜性政策，它主要包括培训教师、奖补举办者、资助幼儿三项内容，存在着三种政策客体，为了全面、深刻、透彻地反映这一政策在某一具体地域的运行样态，笔者避开纯思辨的理论研究，将目光转向乡村社会的现实生活，观察这一静态的政策文本在 P 县这一具体空间范围内动态运行的生动图景。而选择 P 县这一政策活动的舞台，无论其过去还是现在是否存在可圈可点之处，确实还不敢妄下结论，现在从我已了解的情况来看，只能说它与全国其他地方一样，但"世界上没有完全相同的两片树叶"，它有自己特有的地域特征和乡土文化，正是它的"同"与"异"，更能凸显其政策运行的特征。

　　笔者试着聆听当事者的故事，其间适度穿插一些政策文本，这样二者有机结合，互补互证，从中探寻理论之"珠"，即对政策运行现状做出理论提升与阐释。

　　当然，关于政策运行的文献很多，不过选择在一个具体地域，采用人类学的研究方法——民族志考察一项具体政策在此空间落地生长的具体情形还不多。本研究意在描述普惠性民办幼儿园政策在 P 县运行的具体样态，通过运行具体样态来揭示其背后的深刻缘由；再针对其深刻缘由，尝试提出正确的政策运行路径，揭示政策运行的特征。这也许可以从侧面折射出当地政策生态环境和乡土文化。

本研究言止于此，不过意犹未尽，始终觉得许多问题因自己理论水平有限、文字表达能力欠缺而未被清楚呈现，对背后的缘由也揭示不够；很多问题未继续深挖，得出的结论难免浅薄，只能留待后续完善！

　　"自然中之物，互相关系，互相限制，故不能有完全之美"，王国维的这一名言也许可以作为对笔者这个"最初级产品"的描述。"尽吾志而不能至者，可以无悔矣"，聊以自慰，以此作为研究的基点，在今后的学术探索中笔者将更加执着，争取提升境界。

普惠性幼儿园相关政策文本的相关内容概览

序号	名称	有关内容	现实中的问题	发文单位	发文时间
1	《关于当前发展学前教育的若干意见》（国发〔2010〕41号）	购买服务、减免租金、以奖代补、派驻公办教师。"三儿资助"（经济困难儿童、孤儿、残疾儿童）。园长、教师培训 城镇小区配套幼儿园作为公共资源由当地政府统筹安排，举办公办幼儿园或委托办成普惠性民办幼儿园。家庭合理分担学前教育成本		国务院	2010年
2	《关于加大财政投入支持学前教育发展的通知》（财教〔2011〕405号）	支持"校舍改建类""综合奖补类""幼师培训类""幼儿资助类"项目		财政部 教育部	2011年
3	《幼儿园收费管理暂行办法》（发改价格〔2011〕3207号）	享受政府财政补助（包括政府购买服务、减免租金和税收、以奖代补、派驻公办教师、安排专项奖补资金、优惠划拨土地等）的民办园，可由当地人民政府有关部门以合同约定等方式确定最高收费标准，由民办园在最高标准范围内制定具体收费标准，报当地价格、教育、财政部门备案后执行		国家发改委 教育部 财政部	2011年
4	《关于建立学前教育资助制度的意见》（财教〔2011〕410号）	"三儿资助"（经济困难儿童、孤儿、残疾儿童）		财政部 教育部	2011年

序号	名称	有关内容	现实中的问题	发文单位	发文时间
5	《关于印发〈支持中西部农村偏远地区开展学前教育巡回支教试点工作方案〉的通知》(基教二〔2011〕5号)	中西部地区和东部困难地区人口居住分散、交通不便、不具备办园条件的农村开展巡回支教试点工作		教育部财政部	2011年
6	《关于成立学前教育三年行动计划推进工作领导小组的通知》(教人厅〔2011〕4号)	指导和督查各地学前教育三年行动计划实施情况		教育部	2011年
7	《关于实施幼儿教师国家级培训计划的通知》(教师〔2011〕5号)	中西部农村公办园、普惠性民办园园长、教师、转岗教师培训		教育部财政部	2011年
8	《关于组织实施"国培计划(2011)"——县级教师培训机构培训者远程项目的通知》(教师厅〔2011〕21号)		对远程培训项目进行部署	教育部办公厅	2011年
9	《关于举办学前教育三年行动计划网络巡展的通知》(基教二厅函〔2012〕16号)	学前教育三年行动计划网络巡展		教育部	2012年
10	《关于做好全国学前教育管理信息系统建设运行和维护工作的通知》(基教二厅函〔2012〕13号)	学前教育服务与监管体系信息化建设		教育部	2012年
11	《关于印发〈学前教育督导评估暂行办法〉的通知》(教督〔2012〕5号)	大力发展公办园,积极扶持民办园,并提供普惠性服务		教育部	2012年
12	《关于政府向社会力量购买服务的指导意见》(国办发〔2013〕96号)	教育、就业、社保、医疗卫生、住房保障、文化体育及残疾人服务等基本公共服务领域,要逐步加大政府向社会力量购买服务的力度		国务院	2013年
13	《中共中央关于全面深化改革若干重大问题的决定》	推广政府购买服务,凡属事务性管理服务,原则上都要引入竞争机制,通过合同、委托等方式向社会购买。加大政府购买公共服务力度			2013年

序号	名称	有关内容	现实中的问题	发文单位	发文时间
14	《关于做好 2013 年"国培计划"实施工作的通知》(教师厅〔2013〕2 号)	示范性培训项目、中西部项目、幼师国培项目		教育部财政部	2013 年
15	《关于公布"国培计划(2013)"——中西部项目和幼师国培项目方案评审结果的通知》(教师厅函〔2013〕8 号)	公布相关省(市、区)的中西部项目和幼师国培项目		教育部财政部	2013 年
16	《关于实施第二期学前教育三年行动计划的意见》(2014—2016)(教基二〔2014〕9 号)	加快发展公办园,积极扶持普惠性民办幼儿园。通过政府购买服务、减免租金、派驻公办教师、培训教师等方式,支持民办园提供普惠性服务,有条件的地区可参照公办园生均公用经费标准,对普惠性民办园给予适当补贴		教育部、国家发改委、财政部	2014 年
17	《政府购买服务管理办法(暂行)》(财综〔2014〕96 号)	公共教育等领域适宜由社会力量承担的服务事项纳入政府购买服务指导性目录。购买主体应当与承接主体签订合同,并可根据服务项目的需求特点,采取购买、委托、租赁、特许经营、战略合作等形式		财政部民政部工商总局	2014 年
18	《关于印发〈中央财政支持学前教育发展资金管理办法〉的通知》(财教〔2015〕222 号	学前教育发展资金分为:"扩大资源类"用于奖补支持地方多渠道扩大普惠性学前教育资源;"幼儿资助类"用于资助"三儿"接受学前教育		财政部教育部	2015 年
19	《关于印发〈乡村教师支持计划(2015—2020 年)〉的通知》(国办发〔2015〕43 号)	提出有关要求		国务院办公厅	2015
20	《关于改革实施中小学幼儿园教师国家级培训计划的通知》(教师〔2015〕10 号)	对改革实施中小学幼儿园教师国家级培训计划进行说明		教育部、财政部	2015 年
21	《关于实施支持农业转移人口市民化若干财政政策的通知》	逐步完善并落实中等职业教育免学杂费和普惠性学前教育的政策		国务院	2016 年

序号	名称	有关内容	现实中的问题	发文单位	发文时间
22	《关于鼓励社会力量兴办教育促进民办教育健康发展的若干意见》（国发〔2016〕81号）	在政府补贴、政府购买服务、基金奖励、捐资激励、土地划拨、税费减免等方面对非营利性民办学校给予扶持。学前教育阶段鼓励举办普惠性民办幼儿园。推广政府和社会资本合作（ppp）模式		国务院	2016年
23	《关于加快中西部教育发展的指导意见》（国发办〔2016〕37号）	支持普惠性民办幼儿园发展。采取集团化办学、学校联盟、教育信息化等措施，扩大优质教育资源覆盖面		国务院	2016年
24	《全国人民代表大会常务委员会关于修改〈中华人民共和国民办教育促进法〉的决定》	民办学校的举办者可以自主选择设立非营利性或者营利性民办学校。县级以上各级人民政府可以采取购买服务、助学贷款、奖助学金、出租、转让闲置的国有资产等措施对民办学校予以支持；对非营利性民办学校还可以采取政府补贴、基金奖励、捐资激励等扶持措施		全国人民代表大会常务委员会	2016年
25	《民办学校分类登记管理实施细则》	正式批准设立的非营利性民办学校，符合《民办非企业单位登记管理暂行条例》等民办非企业单位登记管理有关规定的到民政部门登记为民办非企业单位，符合《事业单位登记管理暂行条例》等事业单位登记管理有关规定的到事业单位登记管理机关等登记为事业单位		教育部、人力资源和社会保障部、民政部、中央编办、工商总局	2016年
26	《关于印发〈乡村教师培训指南〉的通知》（教师厅〔2016〕1号）	印发乡村教师培训指南		教育部办公厅	2016年
27	《关于做好2016年中小学幼儿园教师国家级培训计划实施工作的通知》（教师厅〔2016〕2号）	对中小学幼儿园教师国家级培训计划实施进行安排部署		教育部办公厅、财政部办公厅	2016年

序号	名称	有关内容	现实中的问题	发文单位	发文时间
28	《关于实施第三期学前教育三年行动计划的意见》（2017—2020）	发展普惠性幼儿园。各省（区、市）制定普惠性民办幼儿园认定办法，逐年确定一批普惠性民办幼儿园。通过购买服务、综合奖补、减免租金、派驻公办教师、培训教师、教研指导等方式，支持普惠性民办幼儿园发展		教育部、国家发改委、财政部、人力资源和社会保障部	2017年
29	《关于深化教育体制机制改革的意见》	创新学前教育普惠健康发展的体制机制。鼓励社会力量举办幼儿园，支持民办幼儿园提供面向大众、收费合理、质量合格的普惠性服务。建立健全国务院领导、省市统筹、以县为主的学前教育管理体制。省市两级政府要加强统筹，加大对贫困地区的支持力度。落实县级政府主体责任，充分发挥乡镇政府的作用		中共中央、国务院	2017年
30	《关于印发〈乡村校园长"三段式"培训指南〉等四个文件的通知》（教师厅〔2017〕7号）	对印发的四个文件进行具体安排		教育部办公厅	2017年
31	《关于做好2018年中小学幼儿园教师国家级培训计划组织实施工作的通知》（教师厅〔2018〕3号）			教育部办公厅、财政部办公厅	2018年
32	《S省人民政府关于当前发展学前教育的实施意见》（C府发〔2011〕12号）	县级教育行政部门要统筹安排，可采取派驻公办幼儿教师等灵活多样的方式，支持民办园的初期发展。公办幼儿教师驻民办幼儿园工作期间，其人事、工资关系不变，具体管理办法由各地教育、人力资源社会保障部门研究制定		S省人民政府	2011年
33	《S省学前教育三年行动计划（2011—2013年）》	三年内新建、改建公办园1200所，发展民办园1500所。通过保证合理用地、减免税费等多种优惠方式，积极扶持民办园特别是面向大众、收费较低的普惠性民办幼儿园发展		S省教育厅、发改委、财政厅	2011年

序号	名称	有关内容	现实中的问题	发文单位	发文时间
34	《关于组织县级教师培训机构参加"国培计划（2011）"——县级教师培训机构者远程培训的通知》（C教厅办函〔2011〕30号）	对组织县级教师培训机构培训者远程培训进行具体安排		S省教育厅办公厅	2011年
35	《关于加强学前教育师资培训工作的通知》（C教函〔2011〕799号）	对学前教育师资培训进行部署		S省教育厅	2011年
36	《关于加大财政投入支持学前教育发展的通知》（C财〔2011〕224号）	对加大对学前教育的投入提出要求		S省教育厅、财政厅	2011年
37	《关于做好2012年国培计划项目的通知》（C教函〔2012〕448号）	对做好2012年国培工作进行部署		S省教育厅、财政厅	2012年
38	《关于下达2012年学前教育校舍改建类项目中央专项资金预算的通知》（C财教〔2012〕214号）	对学前教育校舍改建类项目中央专项资金预算进行安排		S省财政厅、教育厅	2012年
39	《关于下达2012年学前教育综合奖补类项目中央和省级奖补资金预算的通知》（C财教〔2012〕336号）	对2012年学前教育综合奖补类项目中央和省级奖补资金预算进行部署		S省财政厅、教育厅	2012年
40	《关于下达2012年年度学前教育省级补助资金预算的通知》（C财教〔2012〕115号）	对下达2012年年度学前教育省级补助资金预算进行安排		S省财政厅、教育厅	2012年
41	《关于认真贯彻执行学前教育"三儿"资助政策和下达省级财政补助资金的通知》（C财〔2011〕375号）	对学前教育"三儿"资助政策和下达省级财政补助资金进行安排		S省财政厅、教育厅	2012年
42	《关于组织实施"国培计划（2013）"置换脱产研修和远程培训项目工作的通知》（C教函〔2013〕353号）	对这一培训项目提出具体要求		S省教育厅	2013年

序号	名称	有关内容	现实中的问题	发文单位	发文时间
43	《S省第二期学前教育三年行动计划（2014—2016年)》	加强公办园建设。积极扶持普惠性民办园建设。通过政府购买服务、PPP模式新建、减免租金、派驻公办教师、培训教师等方式，支持民办园提供普惠性服务		S省教育厅、发改委、财政厅	2014年
44	《关于推进政府向社会购买服务工作的意见》《SC向社会力量购买服务指导目录全书》	将教育等领域适宜由社会力量承担的服务事项纳入政府购买服务指导性目录		S省人民政府	2014年
45	《关于做好"国培计划"（2014）——中西部项目和幼师国培项目置换脱产研修项目工作的通知》（师函〔2014〕8号）	对项目实施任务、实施安排、工作要求、报送要求等提出具体要求		S省教育厅	2014年
46	《关于下达2014年学前教育省级财政奖补资金预算的通知》（C财教〔2014〕245号）	下达2014年学前教育省级财政奖补资金预算，并对相关工作进行安排		S省财政厅、教育厅	2014年
47	《关于下达学前教育中央奖补资金预算的通知》（C财教〔2014〕341号）	下达2014年学前教育中央奖补资金预算，并对有关工作进行安排		S省财政厅、教育厅	2014年
48	《关于提前通知2015年学前教育"三儿"资助政策省级财政补助资金的通知》（C财教〔2014〕339号）			S省财政厅、教育厅	2014年
49	《关于普惠性幼儿园认定工作的指导意见》（C教〔2015〕79号）	认定主体、认定条件、认定程序、享受政策、监督管理		S省教育厅、财政厅、发展和改革委员会	2015年
50	《关于加强城镇小区配套幼儿园建设和管理的指导意见》（C教〔2015〕75号）	政府投资或合同约定应移交的城镇小区配套幼儿园，竣工验收合格后，建设单位应将幼儿园及幼儿园建设相关手续、竣工图纸等所有档案材料一并移交给当地政府，用于举办公办幼儿园或委托举办普惠性民办幼儿园；其他城镇小区配套幼儿园，应在当地教育行政主管部门的指导下办成普惠性民办幼儿园		S省教育厅、住房和城乡建设厅、国土资源厅、发展和改革委员会	2015年

序号	名称	有关内容	现实中的问题	发文单位	发文时间
51	《关于做好2015年"国培计划"——中西部项目和幼师国培项目实施工作的通知》（C教函〔2015〕527号）	对2015年"国培计划"——中西部项目和幼师国培项目实施提出具体要求		S省教育厅	2015年
52	《关于S省2015年"国培计划"项目招标有关事项的补充通知》（C教函〔2015〕330号）	对2015年"国培计划"项目招标有关事项进行说明		S省教育厅	2015年
53	《关于下达2015年中央支持学前教育发展专项资金预算的通知》（C财教〔2015〕7号）	对下达2015年中央支持学前教育发展专项资金预算进行安排		S省财政厅、教育厅	2015年
54	《关于下达2015年学前教育发展省级奖补资金的通知》（C财教〔2015〕48号）	对下达2015年学前教育发展省级奖补资金进行安排		S省财政厅、教育厅	2015年
55	《关于下达2015年支持学前教育发展中央专项资金预算的通知》（C财教〔2015〕163号）	对下达2015年中央支持学前教育发展中央专项资金预算进行安排		S省财政厅、教育厅	2015年
56	《关于提前通知2016年中央支持学前教育发展中央专项资金预算的通知》（C财教〔2015〕237号）	对2016年中央支持学前教育发展中央专项资金进行安排		S省财政厅、教育厅	2015年
57	2016年"国培计划"中西部项目和幼师国培项目公开招标政府采用项目（C政采招〔2016〕202号）	招标项目介绍		S省教育厅	2016年
58	《关于下达2016年学前教育购买服务省级奖补资金的通知》（C财教〔2016〕7号）	对下达2016年学前教育购买服务省级奖补资金进行安排		S省财政厅、教育厅	2016年
59	《关于下达2016年支持学前教育发展专项资金预算的通知》（C财教〔2016〕149号）	对下达2016年支持学前教育发展专项资金进行安排		S省财政厅、教育厅	2016年

序号	名称	有关内容	现实中的问题	发文单位	发文时间
60	《关于通知 2017 年中央支持学前教育发展专项资金预算的通知》（C 财教〔2016〕214 号）	对 2017 年中央支持学前教育发展专项资金预算进行安排		S 省财政厅、教育厅	2016 年
61	《关于下达 2016 年城市和民办幼儿园省级奖补资金的通知》（C 财教〔2016〕3 号）	对 2016 年城市和民办幼儿园省级奖补资金进行安排		S 省财政厅、教育厅	2016 年
62	《关于下达 2016 年学前教育保教费减免政策中省奖补资金的通知》（C 财教〔2016〕8 号）	对下达 2016 年学前教育保教费减免政策中省奖补资金进行安排		S 省财政厅、教育厅	2016 年
63	《关于下达 2016 年建档立卡贫困家庭学生特别资助政策省级补助资金预算的通知》（C 财教〔2016〕22 号）	对下达 2016 年建档立卡贫困家庭学生特别资助政策省级补助资金预算进行安排		S 省财政厅、教育厅	2016 年
64	《关于 2016 年学前教育保教费减免资金结算的通知》（C 财教〔2016〕237 号）	对 2016 年学前教育保教费减免资金结算进行部署		S 省财政厅、教育厅	2016 年
65	《关于 2016 年建档立卡贫困家庭学生特别资助政策省级补助资金结算及下达 2017 年省级补助资金预算的通知》（C 财教〔2016〕238 号）	对 2016 年建档立卡贫困家庭学生特别资助政策省级补助资金结算及下达 2017 年省级补助资金预算进行安排		S 省财政厅、教育厅	2016 年
66	《S 省第三期学前教育三年行动计划（2017—2020 年）》	着力扩大公办学前教育资源。积极扶持普惠性民办园建设。积极扶持资质合格、面向大众、办园规范、收费合理、质量较好的普惠性民办园发展		S 省教育厅、财政厅、发展和改革委员会、人社厅	2017 年
67	《关于做好 2017 年"国培计划"——中西部项目和幼师国培项目实施工作的通知》（C 师函〔2017〕740 号）	对项目具体实施进行安排		S 省教育厅	2017 年

序号	名称	有关内容	现实中的问题	发文单位	发文时间
68	《关于印发〈S省幼儿园行为督导评估实施办法〉的通知》（C教〔2017〕112号）	对印发《S省幼儿园行为督导评估实施办法》提出具体要求		S省教育厅	2017年
69	《关于做好2016年"国培计划"——中西部项目和幼师国培计划实施工作的通知》（C教函〔2017〕136号）	对2016年"国培计划"——中西部项目和幼师国培计划实施工作进行部署		S省教育厅	2017年
70	《关于下达中央和省级2017年学前教育发展专项资金（激励奖补资金)的通知》（C财教〔2017〕200号）	对下达中央和省级2017年学前教育发展专项资金（激励奖补资金）进行安排		S省财政厅、教育厅	2017年
71	《关于下达2017年省级学前教育发展专项资金预算的通知》（C财教〔2017〕75号）	对下达2017年省级学前教育发展专项资金预算进行安排		S省财政厅、教育厅	2017年
72	《关于下达2017年省级学前教育发展专项资金的通知》（C财教〔2017〕154号）	对下达2017年省级学前教育发展专项资金进行安排		S省财政厅、教育厅	2017年
73	《关于下达2017年学生资助省级补助资金预算的通知》（C财教〔2017〕68号）	对下达2017年学生资助省级补助资金预算进行安排		S省财政厅、教育厅	2017年
74	《关于下达2017年中央支持学前教育发展（幼儿资助部分）资金预算的通知》（C财教〔2017〕179号）	对下达2017年中央支持学前教育发展（幼儿资助部分）资金预算进行安排		S省财政厅、教育厅	2017年
75	《关于举办S省第九届学前教育教学改革研究共同体学术研讨会议的通知》	围绕当前学前教育教学改革举行学术研讨		S省教育科学研究院	2018年
76	《关于下达2018年中央支持学前教育发展专项资金提前通知部分的通知》（C财教〔2018〕16号）	对下达2018年中央支持学前教育发展专项资金提前通知部分进行安排		S省财政厅、教育厅	2018年

序号	名称	有关内容	现实中的问题	发文单位	发文时间
77	《关于下达2018年省级学前教育发展专项资金（激励奖补部分）的通知》（C财教〔2018〕112号）	对下达2018年省级学前教育发展专项资金（激励奖补部分）进行安排		S省财政厅、教育厅	2018年
78	《关于下达2018年中央支持学前教育发展专项资金的通知》（C财教〔2018〕143号）	对下达2018年中央支持学前教育发展专项资金进行安排		S省财政厅、教育厅	2018年
79	《关于结算2017年省级学前教育保教费减免资金的通知》（C财教〔2018〕94号）	对结算2017年省级学前教育保教费减免资金进行安排		S省财政厅、教育厅	2018年
80	《关于举办2014年SN市幼儿园园长及管理干部研修班的通知》	对幼儿园园长、管理干部培训进行部署		S市教育局办公室	2014年
81	《关于做好2015年"国培计划"——中西部项目和幼师国培计划项目实施工作的通知》（S教办函〔2015〕99号）	对2015年"国培计划"——中西部项目和幼师国培计划项目进行部署		S市教育局办公室	2015年
82	《关于下达省级民办教育发展专项资金的通知》（S财教〔2016〕6号）	对下达省级民办教育发展专项资金进行安排		SN市财政局、教育局	2016年

参考文献

一、中文类

（一）著作类

[1]　周恩来. 周恩来选集：上卷[M]. 北京：人民出版社，1980.

[2]　刘少奇. 刘少奇选集：上卷[M]. 北京：人民出版社，1981.

[3]　周恩来. 周恩来选集：下卷[M]. 北京：人民出版社，1984.

[4]　刘少奇. 刘少奇选集：下卷[M]. 北京：人民出版社，1985.

[5]　毛泽东. 毛泽东选集：第 1 卷[M]. 北京：人民出版社，1991.

[6]　毛泽东. 毛泽东选集：第 2 卷[M]. 北京：人民出版社，1991.

[7]　毛泽东. 毛泽东选集：第 3 卷[M]. 北京：人民出版社，1991.

[8]　毛泽东. 毛泽东选集：第 4 卷[M]. 北京：人民出版社，1991.

[9]　邓小平. 邓小平文选：第 3 卷[M]. 北京：人民出版社，1993.

[10]　邓小平. 邓小平文选：第 1 卷[M]. 北京：人民出版社，1994.

[11]　邓小平. 邓小平文选：第 2 卷[M]. 北京：人民出版社，1994.

[12]　任继愈，张岱年，冯契，汤一介. 中国哲学史通览[M]. 上海：东方出版中心，1994.

[13]　费孝通. 走出江村[M]. 北京：人民日报出版社，1997.

[14]　刘晓东. 儿童精神哲学[M]. 南京：南京师范大学出版社，1999.

[15]　胡适. 中国中古思想史长编[M]. 合肥：安徽教育出版社，1999.

[16]　李方. 现代教育科学研究方法[M]. 广州：广东高等教育出版社，1999.

[17] 周浩波. 教育哲学[M]. 北京：人民教育出版社，2000.

[18] 郑金洲. 教育文化学[M]. 北京：人民教育出版社，2000.

[19] 曾天山. 20 世纪的中国：教育事业卷[M]. 兰州：甘肃人民出版社，2000.

[20] 应星. 大河移民上访的故事[M]. 北京：生活·读书·新知三联书店，2001.

[21] 赵敦华. 西方哲学史[M]. 北京：北京大学出版社，2001.

[22] 张曙光. 生存哲学——走向本真的存在[M]. 昆明：云南人民出版社，2001.

[23] 洪远朋，叶正茂，姚康镛，骆德芸，苏雪明. 共享利益论[M]. 上海：上海人民出版社，2001.

[24] 袁振国. 教育政策学[M]. 南京：江苏教育出版社，2001.

[25] 费孝通. 江村经济——中国农民的生活[M]. 北京：商务印书馆，2001.

[26] 陈向明. 教师如何作质的研究[M]. 北京：教育科学出版社，2001.

[27] 丁煌. 政策执行阻滞机制及其防治对策[M]. 北京：人民出版社，2002.

[28] 任继愈. 中国哲学史[M]. 北京：人民出版社，2003.

[29] 叶秀山，王树人.西方哲学史[M]. 南京：江苏人民出版社，2003.

[30] 张敏杰. 中国弱势群体研究[M]. 长春：长春出版社，2003.

[31] 汪子嵩，范明生，陈村富. 希腊哲学史：上[M]. 北京：人民出版社，2003.

[32] 汪子嵩，包利民，陈村富，章雪富. 希腊哲学史：下[M]. 北京：人民出版社，2003.

[33] 陈振明. 政府再造——西方"新公共管理运动"述评[M]. 北京：中国人民大学出版社，2003.

[34] 刘复兴. 教育政策价值分析[M]. 北京：教育科学出版社，2003.

[35] 孙彩平. 教育的伦理精神[M]. 太原：山西教育出版社，2004.

[36] 吴忠民. 社会公正论[M]. 济南：山东人民出版社，2004.

[37] 石元康. 罗尔斯[M]. 桂林：广西师范大学出版社，2004.

[38] 刘雪明. 政策科学研究[M]. 长沙：湖南人民出版社，2004.

[39] 金太军，钱再见，张方华，李雪卿. 公共政策执行梗阻与消解[M]. 广州：广东人民出版社，2005.

[40] 李和中，陈广胜. 西方国家行政机构与人事制度改革[M]. 北京：社会科学文献出版社，2005.

[41] 梁漱溟. 中国文化要义[M]. 上海：上海世纪出版社，2005.

[42] 孙霄兵，孟庆瑜．教育的公正与利益——中外教育经济政策研究[M]．上海：华东师范大学出版社，2005.

[43] 刘雪明．政策运行过程研究[M]．南昌：江西人民出版社，2005.

[44] 樊钉．公共政策[M]．北京：国家行政学院出版社，2005.

[45] 李春秋．教育伦理学概论[M]．北京：北京师范大学出版社，2006.

[46] 夏基松．现代西方哲学[M]．上海：上海人民出版社，2006.

[47] 陈潭．单位身份的松动——中国人事档案制度研究[M]．南京：南京大学出版社，2007.

[48] 朱家雄．中国视野下的学前教育[M]．上海：华东师范大学出版社，2007.

[49] 周予同．中国现代教育史[M]．福州：福建教育出版社，2007.

[50] 郝云．利益理论比较研究[M]上海：复旦大学出版社，2007

[51] 刘晓东．解放儿童[M]．南京：江苏教育出版社，2008.

[52] 储朝晖．中国幼儿教育忧思与行动[M]．南京：南京师范大学出版社，2008.

[53] 改革开放以来的教育发展历史性成就和基本经验研究课题组．改革开放30年中国教育重大历史事件[M]．北京：教育科学出版社，2008.

[54] 于述胜，李兴洲，倪烈宗，李涛．中国教育三十年（1978—2008）[M]．成都：四川教育出版社，2008.

[55] 吴忠民．走向公平的中国社会[M]．济南：山东人民出版社，2008.

[56] 林卡，陈梦雅．社会政策的理论和研究范式[M]．北京：中国劳动社会保障出版社，2008.

[57] 李允杰，丘昌泰．政策执行与评估[M]．北京：北京大学出版社，2008.

[58] 陈潭．公共政策案例分析[M]．北京：社会科学文献出版社，2008.

[59] 刘伯龙，竺乾威．当代中国公共政策：第二版[M]．上海：复旦大学出版社，2009.

[60] 费孝通．乡土中国[M]．北京：北京出版社，2009.

[61] 刘森林．实践的逻辑[M]．北京：社会科学文献出版社，2009.

[62] 刘世清．教育政策伦理[M]．上海：上海教育出版社，2010.

[63] 张岱年．中国哲学史[M]．北京：中国大百科全书出版社，2010.

[64] 王海英．常识的颠覆——学前教育市场化改革的社会研究[M]．桂林：广西师范大学出版社，2010.

[65] 刘献君．教育研究方法高级讲座[M]．武汉：华中科技大学，2010.

[66] 孙绵涛．教育政策学[M]．北京：中国人民大学出版社，2010.

[67] 邓旭. 教育政策执行研究：一种制度分析的范式[M]. 北京：教育科学出版社，2010.

[68] 王伟光. 利益论[M]. 北京：中国社会科学出版社，2010.

[69] 周采. 比较学前教育[M]. 北京：人民教育出版社，2010.

[70] 刘晓苏. 事业单位人事制度改革研究[M]. 上海：上海交通大学出版社，2011.

[71] 褚宏启. 教育政策学[M]. 北京：北京师范大学出版社，2011.

[72] 杨洪. 印度弱势群体：教育与政策[M]. 北京：人民出版社，2011.

[73] 王绍光. 波兰尼《大转型》与中国的大转型[M]. 北京：生活·读书·新知三联书店，2012.

[74] 柳倩. 国际处境不利学前儿童政策研究[M]. 上海：华东师范大学出版社，2012.

[75] 周兢. 国际学前教育政策比较研究[M]. 上海：华东师范大学出版社，2012.

[76] 陈潭. 治理的秩序——乡土中国的政治生态与实践逻辑[M]. 北京：人民出版社，2012.

[77] 庞丽娟. 政府主导创新体制——我国地方学前教育改革探索与政策启示[M]. 北京：北京师范大学出版社，2012.

[78] 冯友兰. 中国哲学简史[M]. 涂又光，译. 北京：北京大学出版社，2013.

[79] 霍力岩，黄爽，陈雅川. 美、英、日、印四国学前教育体制的比较研究：上、下[M]. 北京：北京师范大学出版社，2013.

[80] 蔡迎旗. 幼儿教育政策法规[M]. 北京：高等教育出版社，2014.

[81] 教育部法制办公室. 学期教育政策法规规章汇编[M]. 北京：首都师范大学出版社，2014.

[82] 严仲连. 在传统与现代之间后殖民视野下的学前教育政策研究[M]. 上海：华东师范大学出版社，2014.

[83] 洪远朋. 论利益——洪远朋利益理论与实践研究文集[M]上海：复旦大学出版社，2014.

[84] 胡适. 中国哲学史大纲[M]. 北京：中华书局，2015.

[85] 李江源，王雄. 走向公平——教育公平的人学书写[M]. 成都：四川教育出版社，2015.

[86] 杨思帆. 处境不利儿童教育补偿政策与实践——美国、印度、中国三国的比较研究[M]. 南昌：江西人民出版，2016.

[87] 任剑涛. 公共政治哲学[M]. 北京：商务印书馆，2016.

[88] 郑永年. 中国改革路线图[M]. 北京：东方出版社，2016.

[89] 曹能秀. 美英日三国学前教育改革的比较研究（2001—2015）[M]. 北京：人民出版社，2016.

[90] 陈辉. 公共行政分析——理论范式与实践逻辑[M]. 南京：南京师范大学出版社，2016.

[91] 张林山，孙凤仪，等. 改革梗阻现象：表现、根源与治理[M]. 北京：社会科学文献出版社，2017.

（二）外文译著类

[1] [英]洛克. 政府论：下[M]. 叶启芳，瞿菊农，译. 北京：商务印书馆，1964.

[2] [英]洛克. 政府论：上[M]. 叶启芳，瞿菊农，译. 北京：商务印书馆，1982.

[3] [法]莫里斯·迪韦尔热. 政治社会学——政治要素[M]. 杨祖功，王大东，译. 北京：华夏出版社，1987.

[4] [美]约翰·罗尔斯. 正义论[M]. 何怀宏，何包刚，廖申白，译. 北京：中国社会科学出版社，1988.

[5] [美]哈罗德·D. 拉斯韦尔. 政治学[M]. 杨昌裕，译. 北京：商务印书馆，1992.

[6] [美]戴维. 伊斯顿政治体系——政治学状况研究[M]. 马清槐，译. 北京：商务印书馆，1993.

[7] [英]佛理德力西·冯·哈耶克. 自由秩序原理[M]. 邓正来，译. 北京：生活·读书·新知三联书店，1997.

[8] [美]约翰·罗尔斯. 政治自由主义[M]. 万俊人，译. 南京：译林出版社，2000.

[9] [美]丹尼斯·郎.（ Dennis H.Wrong ）权力论[M]. 陆震纶，郑明哲，译. 北京：中国社会科学出版社，2001.

[10] [美]迈克尔·罗斯金（ Michael G.Roskin ），科德（ Robert L.Cord ），梅代罗斯（ James A. Medeiros ），琼斯（ Walter S.Jones ）. 政治学[M]. 林震，王锋，范贤睿，等，译. 宁骚，校. 北京：华夏出版社，2002.

[11] [美]罗尔斯.作为公平的正义——正义新论[M]. 姚大志，译. 上海：上海三联书店，2002.

[12] [英]斯蒂芬·鲍尔. 政治与教育政策的制定[M]. 王玉秋，孙益，译. 袁振国，审校. 上海：华东师范大学出版社，2003.

[13] [美]詹姆斯·J. 海克曼. 提升人力资本投资的政策[M]. 曾湘泉，等，译. 上海：复旦大学出版社，2003.

[14] [法]皮埃尔·布迪厄. 实践感[M]. 蒋梓骅，译. 南京：译林出版社，2003.

[15] [德]阿克塞尔·霍耐特. 为承认而斗争[M]. 胡继华，译. 曹卫东，校. 上海：上海世纪出版集团，2005.

[16] [美]詹姆斯·麦格雷哥·伯恩斯（James MacGregor Burns）. 领导论[M]. 常健，孙海云，等，译. 常健，校. 北京：中国人民大学出版社，2006.

[17] [日]沟口雄三，小岛毅. 中国的思维世界[M]. 孙歌，等，译. 南京：江苏人民出版社，2006.

[18] [美]弗朗西斯·C. 福勒. 教育政策学导论：第二版[M]. 许庆预，译，袁振国，审校. 南京：江苏教育出版社，2007.

[19] [英]波特兰·罗素. 西方哲学史[M]. 张作成，编译. 北京：北京出版社，2007.

[20] [美]丹尼斯·B. 贝克（Daniel B. Baker）. 权力语录[M]. 王立斌，张文涛，译. 南京：江苏人民出版社，2008.

[21] [美]史蒂文·卢克斯. 权力：一种激进的观点[M]. 彭斌，译. 南京：江苏人民出版社，2008.

[22] [美]詹姆斯·E. 安德森. 公共政策制定：第五版[M]. 谢明，等，译. 北京：中国人民大学出版社，2009.

[23] [加]梁鹤年，Hok Lin Leung. 政策规划与评估方法[M]. 丁进锋，译. 北京：中国人民大学出版社，2009.

[24] [美]威廉·N. 邓恩. 公共政策分析导论：第二版[M]. 谢明，杜子芳，等，译. 谢明，校. 北京：中国人民大学出版社，2010.

[25] [美]涛慕思·博格. 康德、罗尔斯与全球正义[M]. 刘莘，徐向东，等，译. 上海：上海译文出版社，2010.

[26] [美]托马斯·R. 戴依. 理解公共政策：第十二版：[M]. 谢明，译. 北京：中国人民大学出版社，2011.

[27] [美]苏珊·纽曼（Susan B. Neuman）. 学前教育改革与国家反贫困战略——美国的经验[M]. 李敏谊，霍力岩，译. 北京：教育科学出版社，2011.

[28] [瑞典]T. 胡森，[德]T. N. 波斯尔斯维斯. 教育大百科全书. 各国（地区）教育制度：上、下[M]. 李家永，马慧，姚朋，译审. 重庆：西南师范大学出版社，2011.

[29] [美]D. C. 菲利普斯. 教育大百科全书·教育哲学[M]. 石中英，译审. 重庆：西南师范大学出版社，2011.

[30] [美]L. G. 卡茨. 教育大百科全书·学前教育[M]. 刘焱，译审. 重庆：西南师范大学出版社，2011.

[31] [美]斯蒂芬·L. 申苏尔（Stephen L. Schensul），琼·J. 申苏尔（Jean J. Schensul），玛格丽特·D. 勒孔特（Margaret D. LeCompte）. 民族志方法要义：观察、访谈与调查问卷[M]. 康敏，李荣荣，译. 重庆：重庆大学出版社，2012.

[32] [英]波特兰·罗素. 权力论[M]. 吴友兰，译. 北京：商务印书馆，2012.

[33] [美]大卫·M. 费特曼.民族志：步步深入[M]. 龚建华，译. 重庆：重庆大学出版社，2013.

[34] [美]爱德华·佛李曼，杰弗里·哈里森，等. 利益相关者理论现状与展望[M]. 盛亚，李靖华，等，译. 北京：知识产权出版社，2013.

[35] [美]萨缪尔·弗雷德. 罗尔斯[M]. 张国清，译. 北京：华夏出版社，2013.

[36] [美]珍妮特·V. 登哈特（Janet V. Denhardt），罗伯特·B. 登哈特（Robert B. Denhardt）. 新公共服务：服务，而不是掌舵[M]. 丁煌，译. 方兴，丁煌，校. 北京：中国人民大学出版社，2016.

[37] [以色列]阿维沙伊·马甲利特. 体面社会[M]. 黄胜强，许铭原，译. 北京：中国社会科学出版社，2015.

[38] [英]Steph P. Osborne. 新公共治理？——公共治理理论和实践方面的新观点[M]. 包国宪，赵晓军，等，译. 赵晓军，校. 北京：科学出版社，2016.

[39] [美]德龙·阿西莫格鲁，詹姆斯·A. 洛滨逊. 国家为什么会失败[M]. 李增刚，译. 徐彬，校. 长沙：湖南科学技术出版社，2017.

（三）期刊类

[1] 薛淑云. 普惠制探析[J]. 天津大学学报（社会科学版），2000（1）.

[2] 冯晓霞. 努力促进幼儿教育的民主化——世界幼儿教育改革与发展的重要趋势[J]. 学前教育研究，2002（2）.

[3] 李金玲. 世界贸易组织框架下我国普惠制运用相关问题的研究[J]. 前沿，2003（11）.

[4] 庞丽娟，胡娟，洪秀敏. 学前教育的价值[J]. 学前教育研究，2003（1）.

[5] 潘天群. 博弈论中理性人假设的困境[J]. 经济学家，2003（4）.

[6]　朱冬梅. 普惠制方案的修订对我国出口贸易的影响及应对措施[J]. 经济纵横，2004（10）.

[7]　申浩，杨勇. 论欧盟普惠制毕业机制及其对中国的影响[J]. 世界经济研究，2005（4）.

[8]　张发坤. 论 WTO 中的普惠制原则[J]. 马克思主义与现实（双月刊），2005（4）.

[9]　庞丽娟，韩小雨. 我国农村义务教育教师队伍建设：问题及其破解[J]. 教育研究，2006（5）.

[10]　王海英. 学前教育还是"教育"吗——从深圳的公办园转企说开去[J]. 学前教育研究，2007（1）.

[11]　刘长兴. 普惠性——教育工作的新目标[J]. 天津教育，2007（2）.

[12]　冯晓霞，蔡迎旗. 我国幼儿园教师队伍现状分析与政策建议[J]. 人民教育，2007（11）.

[13]　冯晓霞，蔡迎旗. 世界幼教事业发展趋势：国家财政支持幼儿教育[J]. 学前教育研究，2007（5）.

[14]　刘珩. 部分的真理——文学文本与人类学民族志的"书写"[J]. 民族文学研究，2007（3）.

[15]　庞丽娟，沙莉，刘小蕊. 印度学前教育公平的法律与政策研究[J]. 教育发展研究，2008（13-14）.

[16]　刘焱，潘月娟.《幼儿园教育环境质量评价量表》的特点、结构和信效度检验[J]学前教育研究，2008（6）.

[17]　杨殿斛. 从方志到民族志：中国民族音乐研究的现代进程[J]. 小说评论，2008（5）.

[18]　王海英. 20 世纪中国儿童观研究的反思[J]. 华东师范大学学报（教育科学版），2008（2）.

[19]　洪远朋，郝云. 十七大对马克思主义利益理论的坚持与发展[J]. 复旦学报（社会科学版），2008（3）.

[20]　庞丽娟. 加快学前教育的发展与普及[J]. 教育研究，2009（5）.

[21]　刘焱. 对我国学前教育几个基本问题的探讨——兼谈我国学前教育未来发展思路[J]. 教育发展研究，2009（8）.

[22]　庞丽娟. 立法促进高素质幼儿教师队伍建设：台湾地区的经验及其启示[J]. 教师教育研究，2009（4）.

[23]　王海英. 解读幼儿园中的教师社会——基于社会学的分析视角[J]. 学前教育研究，2009（3）.

[24] 庞丽娟, 夏靖, 孙美红. 世界主要国家和地区弱势儿童学前教育扶助政策研究[J]. 教育学报, 2010（5）.

[25] 庞丽娟, 韩小雨, 谢云丽, 李琳, 夏靖. 完善机制落实义务教育教师绩效工资政策[J]. 教育研究, 2010（4）.

[26] 庞丽娟, 韩小雨. 中国学前教育立法: 思考与推进[J]. 北京师大学报（社会科学版）, 2010（5）.

[27] 庞丽娟, 夏靖, 韩小雨. 香港学前教育财政投入政策: 特点及启示[J]. 教育发展研究, 2010（11）.

[28] 庞丽娟, 夏靖, 张霞. 世界主要国家和地区学前教育免费教育政策: 特点与启示[J]. 比较教育研究, 2010（10）.

[29] 宋秋英. 20世纪90年代以来美国学前读写教育改革动向之管窥——基于对"开端计划"改进措施的分析[J]. 外国教育研究, 2010（6）.

[30] 丁金霞, 庞丽娟. 社会体制转型与学前教育的重新定位[J]. 学前教育研究, 2010（3）.

[31] 冯晓霞. 大力发展普惠性幼儿园是解决入园难入园贵的根本[J]. 学前教育研究, 2010（5）.

[32] 王春英. 发展农村和贫困地区学前教育是促进教育起点公平的重要举措[J]. 学前教育研究, 2010（5）.

[33] 刘焱, 康建琴, 潘月娟, 程学琴. 我国学前教育财政投入的路径选择——以浙江省安吉县为参照标准[J]. 教育学报, 2010（5）.

[34] 周燕. 影响城乡学前教育公平与均衡发展的制度因素分析——以广东省为个案[J]. 学前教育研究, 2010（5）.

[35] 罗宗志. 权力理论的知识谱系——基于意向性视角的解读[J]. 理论与实践, 2010（5）.

[36] 唐圆梦. 从马克思主义的利益理论视角审视马尔库塞的"单向度的人"[J]. 前沿, 2010（7）.

[37] 丁宏. 北极民族学考察记——兼谈民族志的写作[J]. 西北民族研究, 2011（4）.

[38] 庞丽娟. 加快推进《学前教育法》立法进展[J]. 教育研究, 2011（8）.

[39] 姚伟. 当代美国儿童福利政策的特点[J]. 外国教育研究, 2011（5）.

[40] 冯晓霞, 周兢. 构筑国家财富——联合国教科文组织首届世界幼儿保育和教育大会简介[J]. 学前教育研究, 2011（1）.

[41] 熊文钊. 中央与地方的博弈: 一场1和N的较量[J]. 人民论坛, 2011（9）（上）.

[42] 宋映泉. 不同类型幼儿园办学经费中地方政府分担比例及投入差异——基于 3 省 25 县的微观数据[J]. 教育发展研究，2011（17）.

[43] 王海英. 学前教育不公平的社会表现、产生机制及其解决的可能途径[J]. 学前教育研究，2011（8）.

[44] 刘焱，史瑾，裴指挥.“国十条”颁布后学前教育发展的现状与问题[J]. 教育发展研究，2011（24）.

[45] 李钧鹏. 何谓权力——从统治到互动[J]. 华中科技大学学报（社会科学版），2011（3）.

[46] 庞丽娟，洪秀敏，孙美红. 高位入手顶层设计我国学前教育政策[J]. 教育研究，2012（10）.

[47] 庞丽娟，范明丽. 当前我国学前教育管理体制面临的主要问题与挑战[J]. 教育发展研究，2012（4）.

[48] 庞丽娟.《幼儿园教师专业标准》的研制背景、指导思想与基本特点[J]. 学前教育研究，2012（7）.

[49] 庄小满. 普惠性民办幼儿园的意义、困境与对策[J]. 学前教育研究，2012（11）.

[50] 秦旭芳. 普惠性幼儿园的内涵、衡量标准及其政策建议[J]. 学前教育研究，2012（7）.

[51] 齐晓恬. 美、英、印三国学前教育财政投入的保障机制特点分析[J]. 河北师范大学学报（教育科学版），2012（6）.

[52] 刘焱，秦金亮，潘月娟，石晓波. 学前一年幼儿入学语言准备的城乡比较研究[J]. 教育学报，2012（10）.

[53] 王玲艳. 关于当前世界学前教育投入的热点话题分析[J]. 早期教育，2012（6）.

[54] 张曾莲. 当前学前教育成本核算存在的主要问题及其解决[J]. 学前教育研究，2012（9）.

[55] 武端利，韩潇筠，邱霞萍. 国外学前教育公共财政投入模式及其启示——我国学前教育改革的国际比较[J]. 现代教育科学（普教研究），2012（3）.

[56] 庞丽娟. 我国学前教育指标体系的现状、问题及其完善[J]. 学前教育研究，2013（2）.

[57] 庞丽娟，范明丽. 完善我国学前教育管理体制[J]. 教育研究，2013（10）.

[58] 庞丽娟，张丽敏，肖英娥. 促进我国城乡幼儿园教师均衡配置的政策建议[J]. 教师教育研究，2013（5）.

[59] 王海英. 质量公平：当下教育公平研究与实践的新追求[J]. 湖南师大学教育科学学报，2013（6）.

[60] 郭磊. 非营利性民办学前教育组织发展的机理、困境与对策[J]. 教育研究，2013（3）.

[61] 庞丽娟. 国际学前教育发展战略：普及、公平与高质量[J]. 教育学报，2013（3）.

[62] 丁秀棠. "普惠性"目标定位下民办学前教育的现状与发展[J]. 学前教育研究，2013（3）.

[63] 刘焱，赵军海，张丽. 学前一年教育效能的增值评价研究[J]. 教育学报,2013（6）.

[64] 刘焱，宋妍萍. 我国城市 3～6 岁儿童家庭学前教育消费支出水平调查[J]. 华中师范大学学报（人文社会科学版），2013（1）.

[65] 刘焱，史瑾，潘月娟. 世界学前教育排名比较研究及启示[J]. 比较教育研究，2013（2）.

[66] 吕苹，付欣悦. 普惠性幼儿教育机构发展现状及其分析：非营利性组织的视角[J]. 教育发展研究，2013（6）.

[67] 夏靖，庞丽娟. 我国幼儿教师培养政策：特点、矛盾与建议[J]. 教师教育研究，2014（4）.

[68] 庞丽娟，孙美红，夏靖. 世界主要国家和地区政府主导推进学前教育公平的政策及启示[J]. 学前教育研究，2014（1）.

[69] 蔡迎旗. 幼儿园收取"赞助费"现象原因分析与对策建议[J]. 学前教育研究，2014（10）

[70] 虞永平. 建设益童、惠民、利国的学前教育公共服务体系[J]. 人民教育，2014（11）.

[71] 雷芳. 长株潭三市普惠性民办幼儿园建设存在的问题与对策建议[J]. 学前教育研究，2014（11）.

[72] 赵明玉. 英国普惠性学前教育政策及启示[J]. 外国教育研究，2014（8）.

[73] 梁惠娟. 我国地方普惠性民办教师政策分析及其启示[J]. 学前教育研究，2014（6）.

[74] 王海英. 教育改革和发展需要怎样的政府支持[J]. 教育发展研究，2014（13）.

[75] 王海英. 我国学前教育公共服务体系的组成与建构[J]. 学前教育研究，2014（7）.

[76] 邬平川. 我国学前教育投入的政府责任探究[J]. 教育学报, 2014 (6).

[77] 吕苹. 论学前教育的公共性[J]. 教育发展研究, 2014 (4).

[78] 刘焱, 涂玥, 康建琴. 学前一年教育纳入义务教育的经费需求及可行性研究[J]. 教育学报, 2014 (6).

[79] 蔡华. 当代民族志方法论——对克利福德质疑民族志可行性的质疑[J]. 民族研究, 2014 (3).

[80] 李晖. 学前教育普惠性研究综述[J]. 教育研究与实验, 2015 (5).

[81] 彭湃. 公共财政支持普惠性幼儿园: 基于学券制分析框架的中美比较[J]. 教育与经济, 2015 (2).

[82] 高天好. 普惠性幼儿园成本效益分析[J]. 知识经济, 2015 (4).

[83] 戴孟雷. 区域学前教育师资普惠性配置的实践探索[J]. 上海教育科研, 2015 (6).

[84] 刘善槐, 邬志辉. 农民工随迁子女普惠性民办校发展的困境与政策应对[J]. 华中师范大学学报 (人文社会科学版), 2015 (5).

[85] 李召存. 对学前教育质量评估框架建构的思考[J]. 中国教育学刊, 2015 (10).

[86] 赖竹婧. 学前教育基于事业发展过程与基本策略[J]. 中国教育学刊, 2015 (11).

[87] 李宏堡, 王海英. OECD 国家学前教育成本分担现状及其启示[J]. 学前教育研究, 2015 (3).

[88] 刘焱, 李相禹. 巴西推进学前教育的政策、举措及其未来发展[J]. 比较教育研究, 2015 (3).

[89] 赵彦俊, 嵇玲玲. 民族地区学前教育投入的差异分析——基于云南、广西等八省区的数据统计[J]. 民族教育研究, 2015 (6).

[90] 刘焱, 康建琴, 涂玥. 学前一年教育纳入义务教育的条件保障研究[J]. 教育研究, 2015 (7).

[91] 祝贺. 地方政府如何促进普惠性民办园的发展——来自美国学前教育 PPP 模式的经验[J]. 教育发展研究, 2016 (20).

[92] 胡耀岗. 我国普惠性学前教育的发展研究[J]. 教育探索, 2016 (5).

[93] 柳倩. 我国学前教育推行公司合作模式的风险及其规避: 国际视角[J]. 教育发展研究, 2016 (20).

[94] 刘颖. 普惠性学前教育政策的执行偏差: 表现、原因及对策分析[J]. 教育发展研究, 2016 (6).

[95] 郭卉. 浅析我国学前教育管理的创新[J]. 教学研究, 2016 (11).

[96] 赵海利. 美国政府学前教育投入的特点、趋势与启示[J]. 教育研究，2016（5）.

[97] 杨思帆. 处境不利儿童教育补偿政策的理论基础、国际经验及本土策略——基于美国、印度两国教育政策的分析[J]. 西南大学学报（社会科学版），2017（5）.

（四）报纸类

[１] 王海英. 学前教育观察：政府购买民办园服务的路径在哪？[N]. 中国教育报，2011-09-06.

[２] 庞丽娟. 学前教育财政投入结构亟须优化[N]. 中国教育报，2014-05-25.

[３] 顾明远. 对教育本质的新认识[N]. 光明日报，2016-03-30.

[４] 陆士桢. 加快构建普惠型儿童福利体系[N]. 光明日报，2016-05-30.

[５] 李立国. 一级学科能等同于一流学科吗？[N]. 光明日报，2016-07-05.

[６] 严蔚刚. 科研评价应遵循什么基本原则——与莱顿宣言、旧金山宣言的对话[N]. 光明日报，2016-07-12.

[７] 甘肃省教育厅：县域义务教育均衡推进不力将被问责[N]. 中国青年报，2016-08-11.

[８] 刘博超. 教育部与8省市签署学校美育改革发展备忘录[N]. 光明日报，2016-08-30.

[９] 刘博超. 美育短板如何补足[N]. 光明日报，2016-09-01.

（五）学位论文类

[１] 吴晓蓉. 仪式中的教育——摩梭人成年礼的教育人类学分析[D]. 重庆：西南师范大学，2003.

[２] 李保强. 教育格言及其现实问题研究[D]. 兰州：西北师范大学，2006.

[３] 刘彤. 美国"开端计划"历程研究[D]. 保定：河北大学，2007.

[４] 吴鹏芳. 权力与知识——福柯的权力观探究[D]. 兰州：兰州大学，2007.

[５] 徐雨虹. 新制度经济学视野下的我国学前教育投资制度研究[D]. 上海：华东师范大学，2007

[６] 魏峰.乡土社会的教育政策运行——M县民办教师的民族志[D]. 南京：南京师范大学，2008.

[７] 刘欣. 由教育政策走向教育公平——我国基础教育政策的公平机制研究[D]. 武汉：华中师范大学，2008.

［8］ 朱永坤. 教育政策公平性研究——基于义务教育公平问题的分析[D]. 长春：东北师范大学，2008.

［9］ 卜叶蕾. 权力运作——从福柯的权力理论视角解读卡夫卡的《城堡》[D]. 北京：北京交通大学，2008.

［10］ 薛立强. 授权体制：改革时期政府间纵向关系研究[D]. 天津：南开大学，2009.

［11］ 吕星宇. 论教育过程公平[D]. 上海：华东师范大学，2009.

［12］ 顾尔伙. 博弈中的心智发展——"克智"能手养成研究[D]. 重庆：西南大学，2012.

［13］ 郑子莹. 民办幼儿园政府规制研究[D]. 重庆：西南大学，2013.

［14］ 邬平川. 学前教育投入的财政法保障研究[D]. 合肥：安徽大学，2014.

［15］ 张世义. 利益相关者理论视角下的高校学前教育专业本科人才培养研究[D]. 南京：南京师范大学，2014.

［16］ 高健. 幼儿园教师健康胜任力研究[D]. 南京：南京师范大学，2015.

二、英文类

［1］ BOB ELLIS. Report Find Universal Preschool Benefit Substantially Overstated, WSJ piece, 2008(8): 2.

［2］ AGUIRRE, E., GLEESON, T., MCCUTCHEN, A., MENDIOLA, L., RICH, K., & SCHRODER, R., et al. A cost-benefit analysis of universally-accessible pre-kindergarten education in texas. Master of Public Service Administration Capstones. 2006(4).

［3］ Universal pre-kindergarten won't be cheap .Nashoba publishing: 2014, July, 4.

［4］ New Vanderbilt Study Cast Serious Doubt on the Benefit of Universal Pre-kindergarten .Today Post . 2015, October 8. [EB/OL]Retrieved from http://missourieducationwatchdog.com/new-vanderbilt-study-casts-serious-doubt-on-the-benefit-of-universal-pre-k/.

［5］ Universal Preschool Wikipedia, the free encyclopedia. 2016, December 29. [EB/OL]https://www.wikipedia.org/.

［6］ New Study Finds Funded universal Kindergarten proviods some Benefits for White Students but no positive Impact for African Amerian Students. Education Next, 2010, March 3.

[7] Views on European Generalized System of preference Regime. [EB/OL]WWW. eurocommerce. be. 2010,May 28.

[8] An update on the Generalized system of preferences. [EB/OL]WWW. eurocommerce. be. 2013, January, 2.

[9] CRAIG.Macphee and VICTOR Iwuagwu Oguledo.The Trade effects of the U. S. Generalized System of preference. 1971,[EB/OL]Retrievedfrom https://link.springer.com/article/10.1007/BF02299116

[10] WALKER-LEIGH, V. The Generalized System of Preferences: Background to the Recent UNCTAD Agreement. The World Today, 1971, 27(1), 17-24. [EB/OL] Retrieved from http://www.jstor.org/stable/40394417

[11] PENG, H. H. & MD-YUNUS, SHAM'AH. (2014). Do children in montessori schools perform better in the achievement test? a taiwanese perspective. International Journal of Early Childhood, 2007, 46(2): 299-311.

[12] SACHS, J. & WEILAND, C.. Boston's rapid expansion of public school-based preschool promoting quality, lessons learned. Young children, 2010, 65(5): 74-77.

[13] WALSH, B. A., CROMER, H., WEIGEL, D. J., & SANDERS, L. Reliability and preliminary use of a rubric to assess pre-kindergarten teachers' video uses. Early Childhood Education Journal, 2013,41(5): 325-337.

[14] PAZETO, T. D. C. B. , SEABRA, A. G. , & DIAS, NATÁLIA MARTINS. Executive functions, oral language and writing in preschool children: development and correlations. Paid é ia. 2014, 24(58): 213-221.

[15] BROTHERSON, S. E., HOLMES, E. K., & BOUWHUIS, C. J.. Impacts of a parenting newsletter on fathers of kindergarten children. Fathering: A Journal of Theory, Research, and Practice about Men as Fathers, 2012, 10(1): 31-46.

[16] PLUECK, J., EICHELBERGER, I., HAUTMANN, C., HANISCH, C., JAENEN, N., & DOEPFNER, M.. Effectiveness of a teacher-based indicated prevention program for preschool children with externalizing problem behavior. Prevention Science, 2015,16(2): 233-241.

[17] IGE, A. M. . The challenges facing early childhood care, development and education (eccde) in an era of universal basic education in nigeria. Early

Childhood Education Journal, 2011,39(2): 161-167.

[18] LEE IF., TSENG CL., JUN HJ. Reforming Early Childhood Education as a Smart Investment for the Future: Stories from East Asia. In: Lightfoot-Rueda T., Peach R.L. (eds) Global Perspectives on Human Capital in Early Childhood Education. Critical Cultural Studies of Childhood. Palgrave Macmillan, New York, [EB/OL]https://link.springer.com/chapter/10.1057/9781137490865_7.

[19] KORINTUS, & MARTA. Early childhood education and care in hungary: challenges and recent developments. International Journal of Child Care and Education Policy, [EB/OL]https://doi.org/10.1007/2288-6729-2-2-43.

[20] SWINIARSKI L. B. The Evolution of Universal Preschool Education in a Global Age. In: Boyle Swiniarski L. (eds) World Class Initiatives and Practices in Early Education. Educating the Young Child (Advances in Theory and Research, Implications for Practice): vol 9. Springer, Dordrecht [EB/OL], 2014, https://link.springer.com/chapter/10.1007%2F978-94-007-7853-5_1#citeas.

[21] TING, & CHING, T.. Policy developments in pre-school education in singapore: a focus on the key reforms of kindergarten education. International Journal of Child Care and Education Policy,2007, 1(1): 35-43.[EB/OL]https://link.springer.com/article/10.1007/2288-6729-1-1-35#citeas.

[22] RHEE, & OCK. Childcare policy in korea: current status and major issues. International Journal of Child Care and Education Policy, 2007, 1(1): 59-72. [EB/OL]https://link.springer.com/article/10.1007/2288-6729-1-1-59#citeas.

[23] CHOO, & KIM, K. . The shaping of childcare and preschool education in singapore: from separatism to collaboration. International Journal of Child Care and Education Policy, 2010, 4(1): 23-34. [EB/OL] https://link.springer.com/article/10.1007/2288-6729-4-1-23.

[24] TAN, C. T. . Enhancing the quality of kindergarten education in singapore: policies and strategies in the 21st century. International Journal of Child Care and Education Policy, 2017, 11(1): 7. [EB/OL]https://link.springer.com/article/10.1186/s40723-017-0033-y

后 记

　　自普惠性民办幼儿园政策出台后，其政策运行效益就引起社会，尤其是学界的高度关注，学者们基于不同视角审视政策的价值和政策运行的效益。本书的研究旨趣在于选择民族志方法来具体考察该政策在 P 县运行的实践样态，进而揭示其背后的深刻缘由

　　本书是我在博士论文前期调研的部分资料的基础上写成的。选题的坎坷经历和痛苦遭遇，在此不必多言。它促使我从纯思辨的理论思考走向视野宽广的乡土社会实践，考察普惠性民办幼儿园政策运行的具体样态。为了获得准确、真实的信息，我选择了 3 个地级市、5 个县（区），前后历时十几个月。先在面上"探险"，后来确定重点，最后定点跟踪研究。

　　2016 年 12 月初、2017 年 4 月、2017 年 9～12 月，我先后在 P 县从事田野考察，收集了大量政策文本和口述资料，为后续研究奠定了坚实的基础。

　　2018 年 5 月顺利开题，我自信了许多。2019 年 2 月底，书稿初稿形成，我亟须返回原地进行深度访谈，于是 3 月 10 日，我"旧地重游"，旨在核实相关信息，挖掘一些"故事"线索，掌握"故事"的演变轨迹。这个过程历时 18 天，全县 9 个大的乡镇、60 多所幼儿园都留下了我匆匆的足迹。

　　此刻书稿即将付梓，回首其间的点点滴滴——令我感动的人、值得回味的事，太多太多，难以一一尽数，这些我都将永远铭记于心！

　　永远铭记在心的包括现任县教育体育局副局长刘六亿和他的妻子贺丽华老师。刘六亿是我原来就职的中学的同事、好友，我们一同考上硕士研究生，一起毕业、一同重新"上岗"。前后近 4 个月的实地调研，他给了我很多支持。

例如根据我的调研计划规划行程，确定调研区域，遴选访谈对象，实地考察非常顺利，非常圆满！

更让我终身难忘的是，调研期间我一直借住在他家，他从无怨言，并反复叮嘱妻子贺丽华老师：做好后勤保障。这让我十分感动！在此深深地说一声：谢谢你们！

令我终身难以忘怀的还有赤城镇幼儿园园长戴莉。2016年暑假，经刘六亿推荐，我们曾有过短暂的电话交流。后来于2016年12月，2017年4月、9~12月，2019年3月，前后四次"造访"，无论何时，她总是笑容满面，亲切和蔼，非常热情，不仅解答我的一些疑惑，而且帮我查阅、复印很多政策文本和其他相关资料。感激之情无以言表，在此深深地道一声：谢谢！

没齿难忘的还有赤城镇教育督导组主任黄三强，他和我一同前往赤城幼儿园，并开车送我到本镇锦绣国际城幼儿园调研，调研结束后，他又开车送我回住地。

多次给予我真诚帮助、让我终身不能忘怀的还有：教育体育局教育股股长尹显华、全新蓉老师，成教职教股股长银康、陈德芳老师、邓波老师，计财股股长何敬银、副股长张显国、何显勇老师，人事股股长滕明国、副股长蒲春艳，办公室主任何先斌，微机室李海莉老师，师培中心主任田崇敏，财政局教科文股股长敬敏，档案局资料室罗曼老师。蓬南镇教育督导组主任唐永国、蒋金泉老师、杜强老师，明月镇督导组主任李桢树、李天明老师，田福镇教育督导组主任夏家全，任隆镇教育督导组主任唐振华、蒋建平老师，大石镇教育督导组主任谢繁荣，鸣凤镇教育督导组主任李龙军，三凤镇教育督导组主任罗常国。赤城镇赤城幼儿园副园长谭海清、后勤主任覃晓兰，机关幼儿园园长李佳、副园长温小玲、教导主任陈雪梅，未来星幼稚园园长徐小凤，新起点幼儿园园长付华成，汪达幼儿园园长衡思祥，启航幼儿园园长黄永生、副园长曾华连，小博士幼儿园园长陈丹，上游工业区梨园幼儿园园长吴婷，小二郎幼儿园园长唐丹、副园长李俊，贝佳乐幼儿园园长余必文，金果果幼儿园园长王瑶，阳光城幼儿园园长何妍洁，红苹果幼儿园园长杨静，蓝天幼儿园园长何荣霞，大自然幼儿园园长左春香、副园长胡丽军，锦绣国际城幼儿园园长刘庆，金贝贝幼儿园园长李丹。大石镇金色摇篮幼儿园园长唐园，大石镇贝思特幼儿园陈苗老师。鸣凤镇小学校长吕艳、岳钰老师。蓬南镇晨星幼儿园园长梁萍，蓬南镇小学附属幼儿园吴珍玉老师，大石中学附属幼儿园园长潘艳，明月镇高洞村幼儿园园长黎泽菊，鸣凤镇小博士幼儿园园长唐月，明月镇小学副校长兼附属幼儿园园长唐文彬，天福镇白鹤村幼儿园园长赵琼华，文井镇小学附属幼儿园园长陈春华，三凤镇小学附属幼儿园园长李建春，三凤镇小星星幼儿园园长蒋德萍，任隆镇荣盛幼儿园园长周赛男、副园长邓爱华，天福镇蓝天幼儿园园长王光平，天福镇小学副校长兼附属幼儿园园长全性辉、马秀敏老师……

四川师范大学教育科学学院李江源教授是我的同乡，得知我选题的痛苦遭遇后，非常同情我，他及时引导我、时常开导我，不仅给我讲授专业知识，而且教我做人的基本道理，校园里不时有我们交流的身影。书稿即将付印之际，深深地道一声：李老师，谢谢您！

更不能忘怀的是我的家人，没有他们的无私奉献，我不可能坐在这里安心阅读、写作，我的三位姐弟为了让我早日完成学业，承担了奉养老母亲的全部责任，购买社保、生病护理、日常照料等都是他们，毫无怨言，在此说一声：你们辛苦了！谢谢你们！

为了多年的梦想，我囿于书斋，孤灯只影，少与亲人交流、团聚。远在他乡求学的女儿，每逢周末也只是电话问候，其成长路上少有父亲陪伴，身为父亲的我充满愧疚。唯一值得安慰的是，她也许谙熟荷花定律，多少秉承了父辈自立自强、坚韧求实的精神，注重厚积薄发，今年很幸运地考上了硕士研究生，在此祝她未来生活快乐、幸福！

我能坐在这里静心于学业，离不开单位领导、同事的关心、帮助，尤其是领导对我考博、读博给予了极大的鼓励、支持。这里对一直关心我专业成长的领导，如宜宾学院原院长、现任四川师范大学校长汪明义教授，宜宾学院党委书记蔡乐才教授，宜宾学院党委副书记鲁飞教授，宜宾学院副院长白玉林教授，宜宾学院发展规划处原处长范亚林教授，宜宾学院现任发展规划处处长周世伟教授，还有宜宾学院高等教育研究所田联进教授，我要深深地说一声：谢谢你们！

感谢调研中给予我帮助的每一位领导、朋友、老师！在论文构思、写作时给予我启发的博士师兄张国平、刘雄、田涛、慕彦瑾，博士同学刘鸿昌等，他们给了我学业上巨大的帮助，精神上巨大的鼓励、安慰。还有我的好兄弟、好姐妹，成都理工大学艺术学院何光涛博士、四川师范大学计算机学院陈金华博士、成都大学文学院胡曦东博士、四川师范大学新闻传媒学院段续义博士，在我选题屡遇挫折时，他们及时安慰我、鼓励我，反复叮嘱我一定不要放弃，如果当初没有你们的及时鼓励、支持，我难以坚持到今天。在书稿即将付梓之际，深深地说一声：谢谢你们！

我将学术方向由汉语言文学转到教育学，由课程与教学论转向学前教育原理，虽然拓宽了专业视野，但我的专业基础薄弱，理论储备不足，文化知识欠缺，实践经验缺乏，所以书中存在诸多不足，诸如将政策文本与口述资料实现深度融合的技巧缺乏，对政策运行样态缘由的剖析，其理论广度、深度，剖析的力度等都不够。在此真诚地欢迎各位读者批评指正！我将把你们的批评作为我学术进步的永恒动力。

杨　跃

2019 年 9 月